그리스도의 생명,
나의 생명

## 그리스도의 생명, 나의 생명

**초판 1쇄** | 2025년 4월 20일 펴냄

**지은이** | A. B. Simpson
**옮긴이** | 이창규, 박은경

**북디자인** | 루디아153

**펴낸 곳** | 도서출판 훈훈
**주소** | 경기도 고양시 덕양구 소원로 267
**이메일** | toolor@hanmail.net
**홈페이지** | blog.naver.com/toolor
**인스타그램** | @hunhun_hunhun

\* 이 책은 저작권법에 의해 보호를 받는 저작물이므로, 서면을 통한 출판권자의 허락 없이 내용의 전부 혹은 일부를 사용할 수 없습니다.

# 그리스도의 생명,
# 나의 생명

나의 삶을 사는 그리스도의 생명

A. B. Simpson 지음
이창규, 박은경 옮김

# 차례

역자 서문　　5

추천사　　10

1. 생명이신 그리스도　　17
2. 인격체이신 그리스도　　35
3. 그리스도 안에서 우리는　　53
4. 우리 안에서 그리스도는　　65
5. 이 생명의 시작은　　81
6. 그리스도 안에 거하려면, 실제로　　199
7. 죽음을 통해 생명으로　　123
8. 그리스도와 하나될 때까지　　161

역자 맺음말　　180

감사의 말　　182

## 역자 서문

　　주님을 만나고, 주님과 동행하는 삶을 살기 원하는 모든 크리스천들에게 예수님이 우리 안에 거하신다는 약속의 말씀들은 마음을 설레게 합니다. "내 안에 그리스도, 영광의 소망", "나를 사랑하여 내 계명을 지키면 그에게 와서 거처를 함께하고 그에게 나를 드러내리라" "내 안에 거하라 나도 네 안에 거하리라." 구약 시대에는 일 년에 한 번, 그것도 대제사장만 주님의 영광을 대할 수 있었는데, 신약 시대를 사는 우리들은 언제 어디서든 주님을 만날 수 있으니 말입니다. 그리고 "거울을 보는 것 같이 주의 영광을 보매, 그와 같은 형상으로 변화하여", "그가 나타나시면 그와 같이 되리라"는 귀한 약속들은 이런 삶을 추구하는 모든 이들의 가슴을 벅차게 합니다. 그렇지만 우리의 일상에서는 "내가 십자가에 못 박혔나니 이제는 내가 사는 것이 아니요 오직 내 안에 그리스도께서 사시는 것이라 이제 내가 육체 가운데 사는 것은 나를 사랑하사 나를 위하여 자기 자신을 버리신 하나님의 아들을 믿는 믿음 안에서 사는 것이라"는 말씀을 통해 이런 삶이 내 힘으로 되는 것이 아니라 믿음을 통해 예수님이 하시는 것이라고 고백할 수밖에 없습니다.

하나님의 자녀 된 우리들은 내 안에 예수님이 거하시고, 이제는 내가 사는 것이 아니요 예수께서 사신다는 말씀이 '과연 매일의 삶에서 어떻게 이루어지는지'에 대해 묻게 됩니다. 그리고는 "믿음이 없이는 하나님을 기쁘시게 못하나니 그를 찾는 이들은 그가 계신 것과 찾는 이들에게 상주시는 것을 믿어야 하리라"는 약속을 믿으며 신실하게 살아가려고 노력합니다. 위 질문에 대한 답은 얻지 못한 채 말입니다. 적어도 저는 그랬습니다. 그러던 중에 읽게 된 이 책 <The Christ Life - 그리스도의 생명, 나의 생명>에서는 그리스도의 생명이 우리의 삶을 통해 나타나는 것은 미래에 일어날 이상적인 개념이 아니라 지금 우리가 구체적으로 경험하게 되는 것으로 설명합니다. 예수님의 형제, 예수님과 연합한 존재, 예수님의 거처, 예수님과 하나 되어가는 존재인 우리로 하여금 내 안에서 사시는 그리스도의 생명을 나의 생명으로 바라보게 해 줍니다. 한 알의 씨앗에는 생명의 모든 요소가 들어 있지만 그것이 열매 맺으려면 햇빛과 물이 필요하듯이, 그리스도의 생명이 우리 삶 가운데 우리의 생명으로 나타나기 위해서 필요한 것들, 이것을 방해하는 것들, 또 우리가 경계해야 할 것들은 무엇인지 잘 설명해줍니다.

그리스도의 지극히 높고 숭고한 생명에 이른다는 것은 우리가 선한 행실을 차곡차곡 쌓아서 되는 것이 아니라, 매 순간 '주님이라면 어떻게 하셨을까' 물으며 주님께 의지하여 결정하고 행동하는 훈련이 습관이 되어 우리 삶에 자리 잡게 되는 것이라고 설명합니다. 심지어 무의식 중에 하는 행동에서도 그리스도의 모습이 우리를 통해 자연스럽게 나타나게 되는 것이며, 바로 이때 그리스도의 생명이 우리의 생명으로 하나 되어 나타나는 것임을 알려줍니다. 이 책의 5-6장에서는 이런 복된 삶을 시작하고 계속 누리기 위해서 필요한 열쇠들을 나열하고 있는데, 삶에 바로 적용할 수 있어서 많은 도움이 되고 하나하나가 정말 소중한 것들입니다. 또 7-8장에 그려진 우리의 삶에 나타나는 그리스도의 부활의 생명과 그리스도와 온전히 하나 된 삶의 모습은, 더욱더 내 안에 그리스도의 생명이 드러나게 되기를 소망하게 합니다.

모세가 시내산에서 십계명을 받았을 때 하나님의 거처가 될 장막(tabernacle)에 대한 지시를 듣고 약 10개월에 걸쳐서 그 장막을 지을 동안, 모세가 진영 밖에 쳐 놓은 회막(tent of meeting)에 모세뿐만 아니라 하나님을 찾는 사람들은 누구나 가서 하나님을 만났음을 기억합니다(출33:7-11). 예수님의 영광스러운 얼굴을 보게 될 재림의 그 날을 기다리는 오늘날의 우리에게도, 주님의 얼굴을 구하는 사람들이 주님을 만날 수 있는 회막, 즉 주님의 거처가 우리 믿는 이들의 마음 안에 있음을 상기시켜주는 이 책이 주님과 함께 살아가는 하루하루의 삶에 실제적인 도움이 되기를 바랍니다. 그래서 10개월보다 더 긴 시간이 걸리더라도 이 장막이 우리의 삶 속에 꼭 지어져서 요한복음 17장 26절의 예수님의 기도가 이루어지고, 우리 안에 거하시는 그리스도의 생명이 우리의 삶을 통해 나타나게 되어, 주님의 향기가 온 땅에 가득하기를 소망하며 이 책을 전합니다.

"내가 아버지의 이름을 그들에게 알게 하였고

또 알게 하리니

이는 나를 사랑하신 사랑이 그들 안에 있고

**나도 그들 안에 있게 하려 함이니이다**"

(요17:26)

2025년 4월

**역자 *이창규, 박은경***

## 추천사 1

그리스도인의 믿음의 여정을 주님과의 동행이라고 정의할 때가 많습니다. 동행이란 말은 주님과 함께 길을 간다는 뜻으로 이해될 수 있어서, 우리가 주님이 가시는 길을 따라가는 것으로 해석할 수 있습니다. 그런데 이 책 <그리스도의 생명, 나의 생명>은 우리가 주님을 따라가는 것에 대해서 좀 더 본질적인 의미를 설명해 줍니다.

저자는 그리스도인의 믿음의 여정은 다름 아닌 그리스도의 생명을 받은 주님의 백성들이 그리스도의 생명으로 그들의 삶을 살아가는 체험적인 현실이라고 말합니다. 예수님의 말씀들과 사도들을 통한 성령님의 증언들을 통해 이 진리를 상세히 설명할 뿐 아니라, 이 진리를 그리스도인의 삶 속에서 매 순간 체험하고, 그로 인해 사도 바울의 고백처럼 "내 안에 그리스도께서 사신다"(갈 2:20)는 믿음의 여정을 가능하게 할 매우 실질적인 제안들을 합니다.

목양사역을 하면서 성도님들에게 이 땅에서 천국의 삶을 살아가시길 권면하면서, 하나님의 나라는 우리 믿는 자들의 심령 가운데 임했고 성령님께서 오늘날 하나님의 나라 백성들에게 위엣 것을 찾으라, 위엣 것을 생각하라고(골 3:1-3) 말씀하신다고 강조해왔습니다. 하지만 이러한 삶이 어떻게 가능한지에 대해 이 책처럼 이해하기 쉽게 잘 설명하고 있는 책자를 접하지 못했습니다.

점점 죄악과 세속의 물결이 거세지는 세상 가운데서 매순간 주님의 강림하실 때를 사모하며 기다리는 이 땅 위 주님의 백성들이, 이 순간에도 그리스도의 생명을 살아가게 되는 아름다운 역사가 이 책이 읽히는 곳곳마다 더욱더 힘차게 일어나길 소망합니다.

Lead Pastor 이우형<br>
GMC Crosspoint Ministry

## 추천사 2

목회자로 살아가며 자주 제 자신에게 던지는 질문이 있었습니다. 그것은 "과연 그리스도인으로 살아간다는 것은 무엇인가?"하는 질문입니다.

목회자의 자녀로 태어나 교회에서 자라났고 평생 교회라는 울타리 안에서 성장해 왔지만 이 질문의 답을 찾는 것이 쉽지 않았습니다. 주변에서 진정한 그리스도인으로 살아가는 이들을 찾는 것이 쉽지 않았기 때문입니다. 이후 목회자가 된 후에도 이 본질적인 질문은 저에게 늘 맴도는 질문이었습니다.

이러한 질문을 가지고 목회 사역을 감당하는 중에, 하나님께서는 저희 가정에 장애가 있는 자녀를 허락해 주셨습니다. 이 아이를 키우는 시간들을 통해 하나님께서 제게 자연스럽게 붙들게 하신 말씀이 있었는데 그것이 '갈라디아서 2장 20절' 말씀이었습니다. 여러 힘든 일들을 겪어내면서, 내가 예수님의 십자가에서 이미 죽었다는 사실을 붙들고 이제는 예수님을 나의 주인으로 삼아 예수로 살아가는 것이 진정한 그리스도인으로 살아가는 것임을 조금씩 깨닫게 하셨습니다. 어쩌면 멀리 계신 것 같았던 예수님이, 내 마음 가운데 선명히 살아계신 것을 느끼며 그분과 소통하는 즐거움을 누리게 되었습니다. 제 안에 있던 종교적 신앙생활의 껍질을 깨고 진정한 신앙인으로 거듭나는 경험을 하게 된 것이죠.

최근 80세가 넘으신 한 성도님과 대화를 나눴습니다. 신앙생활의 답답함과 자신의 삶에 대한 갑갑함을 호소하시며 어떻게 해야 하는지 상담을 하셨습니다. 그 성도님과의 대화 속에서 저는 하나님이 주시는 마음을 가지고, 너무나 당연해 보이는 대답, "하나님이 성도님 마음 안에 계시니 답답할 때마다 편안히 이야기를 한번 나눠보세요"라는 말씀을 드렸습니다. 그러자 그 성도님은 그렇게 쉬운 방법이 있느냐고 하시며 마치 답을 찾은 듯이 기뻐하며 집으로 돌아가시는 것이었습니다. 우리가 품고 있는 신앙생활의 많은 고민과 질문의 답이 때로는 단순한 영적 진리 안에 있음에도 이 진리를 모르고 신앙생활을 하는 이들이 여전히 많이 있다는 것이죠.

이 책, <그리스도의 생명, 나의 생명>은 제가 평생 해오던 고민과 많은 성도들이 오늘도 고민하고 있는 질문의 답을 너무도 잘 풀어 설명해 주고 있습니다. 우리 안에 그리스도께서 실제적으로 함께하신다는 사실을, 말씀을 근거해 믿음으로 고백하게 만들어 줄 뿐 아니라 우리가 그리스도 안에서 살아가는 것이 무엇인지, 더 나아가 그리스도 안에 실제적으로 거하는 삶이 무엇인지에 대한 구체적인 방법을 제시하고 있습니다.

오랜 시간 교회를 다니고 신앙생활을 하여도 여전히 변화되지 않는 자신에 대해 실망하고 변화되지 않는 교회의 모습에 좌절하는 이들에게 이 책을 추천드립니다. 진정한 그리스도인으로 성장할 수 있는 도전을 주고 있는 이 책은 한 번에 그치지 않고 여러 번 반복하여 읽기를 권해드립니다. 그 가운데 여러분은 내 안에 계신 하나님을 깊이 만나고자 하는 마음이 자연스럽게 생겨나게 될 것입니다.

안디옥장로교회 담임목사 조은하

나를 먼 발치에서 따라가는
본보기로 받아들이지 말고,

네 안에 들어가 내 성품을 너에게 심어
자연스럽게 너의 성품이 되게 하는 생명,

즉 선택이나 의사 결정을 할 때,
무의식 중에도 따르게 되며,

감정 표현에도 스며들어서
나타나게 되는 그러한 생명으로

나를 받아들여라.

**1장**

생명이신 그리스도

# 1장_생명이신 그리스도

> "이 생명이 나타내신 바 된지라 이 영원한 생명을 우리가 보았고 증언하여 너희에게 전하노니 이는 아버지와 함께 계시다가 우리에게 나타내신 바 된 이시니라" (요일 1:2)
>
> "그는 참 하나님이시요 영생이시라" (요일 5:20)

'생명'이라는 중요한 단어는 신약에서 가장 깊이 있는 책인 요한복음과 요한일서의 주제다. 신약의 다른 책들은 진리와 성품과 의를 다루지만 이 두 권은 생명에 대해 말한다. 다른 책들은 크리스천이 어떻게 행동해야 하는지 어떤 사람이 되어야 하는지를 말하지만, 요한은 우리가 어떻게 그런 사람이 될 수 있는지, 어떻게 우리 앞에 놓인 일을 성취해낼 수 있는지 그 비결을 알려준다. 생명은 자연의 신비다. 인간이 갖고 있는 모든 지혜와 자원이 미치지 못하는 한 영역이 바로 이 생명이다. 과학은 우리에게 사물의 원리를 알려줄 수 있고 자연의 동력까지도 재구성할 수 있다. 하지만 모든 것을 자연적으로 생겨나게 하고 그것에 생명을 부여하는 이 신비하고 오묘한 전율을 일으킬 수 있는 분은 오직 하나님뿐이시다.

산상 수훈은 이상적인 삶이 어떤 것인지 말해주지만, 요한복음은 이 이상적인 삶이 어떻게 실제가 될 수 있는지를 알려준다. 그 과정은 생명이 시작되는 거듭남의 신비로운 비밀로부터 시작하여 계속 성화되어, 다가올 시대에 영화로워지는 생명의 최고 단계에까지 발전되어 간다. 요한일서는 이 신성한 생명의 근원과 진화, 그 실현 과정을 더 풍성하게 보여준다.

## 그리스도는 영생이시다

우주의 행성들이 움직이기 전에, 벌레들이 윙윙거리며 날아다니기도 전에, 천사들이 노래하기도 전에 그리스도는 영원한 생명이셨다. 요한일서 1장 2절을 흠정역보다 더 강조하여 표현한 히브리어 성경을 문자 그대로 읽으면 "아버지와 함께 계시다가 우리에게 나타나신 그 생명 곧 영원한 생명을 너희에게 보이노니"라고 되어 있다. 요한일서 5장 20절은 이 생명을 "그는 참 하나님이시요 영생이시라"

고 더 완전하게 표현한다. 예수님은 생명이시며 모든 생명이 그에게서 비롯되었다. 자연계의 생명은 그분의 창조 능력이 표현된 것이다. 이 생명을 구성하는 마음과 생각과 지성은 예수님의 무한한 생명에서 나온 한 줄기 빛에 불과하다. 거대한 행성에서부터 미세한 물보라까지 이 우주를 움직이는 힘이 그분의 생명에서 나온다. 왜냐하면 "만물이 그로 말미암고"(요1:3a), "우리가 그를 힘입어 살며 기동하며 존재하기"(행17:28a) 때문이다. 부활절 백합화의 색채, 히아신스 꽃의 향기, 식물계의 충만한 생명도 모두 그분에게서 나온다.

거듭난 모든 영혼도 그분의 생명으로부터 태어난다. 모든 시대와 세계 각처의 교회는 그분의 생명과 능력에서 비롯된 새로운 피조물이다. 모든 성도는, 살아계시며 교회의 머리 되시는 주님의 생명으로 유지된다. 그러므로 그분의 생명이 영원한 생명이며, 그분 안에 결코 마르지 않는 생명의 샘이 있고, 절대 부족하지 않은 충만함이 있음을 아는 것은 참된 축복이다. 여기서 "영원"이라는 단어는 시작과 끝이 없다는 개념뿐만 아니라 더 높은 차원의 생명을 말한다. 눈에 보이고 일시적인 것보다 더 고귀한 영역에 속한 생명으로, 넓이와 길이가 무한하며, 영원히 계속되고, 그 깊이를 헤아릴 수 없는 망망대해와 같은 충만함과 영광스러운 충족함을 갖고 있는, 무한한 생명을 일컫는다.

빛나고 영원한 생명으로 우리 앞에 서 계시며 "나는 … 곧 살아 있는 자라 내가 전에 죽었었노라 볼지어다 이제 세세토록 살아 있"을 것이다(계 1:18)라고 선포하시는 생명의 왕, 살아계신 주, 하나님의 영광스러운 아들을 경배하자.

## <u>나타나신 생명</u>

"생명이 나타나신 바 된지라"(요일1:2a). 이 구절은 주 예수의 성육신과 이 땅에서의 삶 전체를 이야기한다. 여기에는 사도 요한이 그의 복음서와 서신서에서 자주 사용했던 '살아 있는 생명의 말씀(the Word of Life)'이라는 문구의 의미도 내포하고 있다. 이 표현은 원문에는 '생명되신 주님의 말씀(the Word of the Life)'이라고 되어있다. 말이 사람의 생각의 표현인 것처럼, 예수님은 이미 존재했지만 드러나지 않았던 하나님의 생각과 뜻의 표현이다. 하나님은 기록된 말씀만 주신 것이 아니라, 살아있는 사람으로 예수님을 이 세상에 보내셔서 그분이 사셨던 실제 모습을 통해 하나님의 성품을 나타내시고 인류에 대한 하나님 사랑의 목적을 보여주셨다.

다음의 일화는 수년간 콩고에서 설교했지만 그곳 사람들에게 믿음을 주지 못했던 한 선교사의 이야기이다. 어느 날 이 선교사는 마지막 설교라고 생각하며, 산상수훈에 대한 설교를 하다가 멈추고 자신이 이 말씀대로 살아보겠다고 선언했다. 하루가 지나기도 전에 그들은 선교사에게 갖고 있는 모든 물건들을 달라고 요구하며 설교 말씀을 실천할 기회를 주었고, 그는 '구하는 자에게 주며 네게 꾸고자 하는 자에게 거절하지 말라'는 말씀대로 그들에게 주었다. 밤이 되자 선교사의 아내는 망연자실하게 되었다. 왜냐하면 집에 있던 물건들이 다 없어지고 당장 먹을 것조차 없는 상황에 처했기 때문이다. 하지만 이것은 드라마의 1막에 불과했다. 그 밤이 저물기 전에 콩고 사람들은 그들이 목격한 이 흔하지 않은 일을 되돌아 보기 시작했고, 말하기를 "이 사람은 다른 장사꾼들과 다르네. 우리가 가져간 물건에 대해 아무것도 요구하지 않고, 자기가 가진 모든 것을 내주고 있잖아. 하나님의 사람임이 틀림없어. 그를 함부로 대하지 않는 게 좋겠어." 그 다음 날엔 반전이 일어났다. 그들이 가져간 것들을 이자까지 쳐서 돌려준 것이다. 이것이 드라마의 2막이었고, 마지막 3막에는 큰 영적 부흥이 일어나서,

천여 명이 구원을 받았고, 콩고에서 가장 큰 교회를 이루게 되었다. '이 생명이 나타났고' 그들은 이 생명을 보았다. 그리고 그것은 말보다 훨씬 더 강력한 체험이었다.

이와 같이 그리스도는 하나님 아버지의 메시지와 복음의 의미를 삶으로 보여주었다. 이 땅 위 그리스도의 삶은 하나님이 참된 인간의 삶에 기대하시는 모든 것의 완벽한 본보기였다. 하나님 아버지께서는 인류 역사상 처음으로 "내가 그를 기뻐하노라"고 말할 수 있는 한 사람을 보셨다. 인간으로 사신 그리스도의 삶은 우리가 이 세상에서 맺게 되는 관계의 모든 영역을 다 포함하고 있다. 그 삶은 사람들의 일반적인 모든 경험과 세부적인 상황에 적용될 수 있어서, "예수님이라면 어떻게 하셨을까?"라는 질문을 던지지 못할 경우는 아마도 없을 것이다. 우리가 그리스도의 죽음과 관련된 위대한 교리에 너무 집중한 나머지, 예수님이 사신 삶의 가치와 예수님을 통해 하나님을 나타내시고, 이상적인 인간으로서 완벽한 본보기를 보이신 중요성을 결코 평가절하 해서는 안된다.

## 십자가에 못 박히신 생명

그리스도의 삶이 과소평가 되어서는 안 되지만 그리스도의 죽음 또한 어떤 과대평가도 모자랄 만큼 중요하다.

기독교 사회주의(Christian Socialism)는 모든 사회적이고 세속적인 문제의 실제적인 세부 사항에 그리스도의 예를 적용할 것을 강조하는 교사들의 모임이다. 그런데 이들은 성경의 모든 말씀과 크리스천의 소망과 경험의 핵심이 되는 위대한 사건인 갈보리의 십자가를 간과한다. 하지만 요한은 깊이 있고 영적인 그의 서신서 첫 머리에 사람들로 하여금 거룩한 경외심과 여린 마음으로 잠시 침묵하게 만드는 '예수님의 보혈'을 소개한다. 요한 서신서는 시작부터 두 개의 검붉은 색채가 서신 전체를 덮고 있는데, 하나는 죄의 어두운 얼룩이고 다른 하나는 그리스도의 보배로운 피의 얼룩이다. "그 아들 예수 그리스도의 피가 우리를 모든 죄에서 깨끗하게 하실 것이요"(요일 1:7). 이것이 갈보리의 십자가와 부활의 위대한 실체다. 그토록 신성하고 인간적이며 아름다운 생명이신 예수 그리스도는 희생제물로 자신을 스스로 내려놓으셨다. 이 예수 그리스도의 죽음은 우리가 어떻게 우리의 삶을 내려놓는가를 가르쳐 주는 순종의 본보기일 뿐 아니라, 인류의 죄를 위한 죗값의 속제물이 되어 하나님의 의로움의 요구를 만족시켰다. 예수님의 영과 삶에 대한 깊은 통찰을 통해 요한은 다른 모든 제자들보다 그분의 피의 희생적 의미를 더 깨닫게 됐다. '하나님의 어린 양을 보라'는 외침은 그가 쓴 복음서 전체의 근간을 이루며 메아리친다. '예수 그리스도의 피'는 요한 서신서의 초석이 된다. "우리를 사랑하사 그의 피로 우리 죄에서 우리를 씻으신 이에게"(계1:5b)는 요한의 장엄한 계시록에 자주 반복되는 구원의 노래들의 주제다. 예수 그리스도의 피는 죄로 죽을 수밖에 없는 우리의 생명을 대신하여 대속물로 주신, 무한한 가치를 가진 그리스도의 생명, 그 자체이다.

이제는 그저 감성적으로 우리 주님의 고통을 인식하고 그분의 수치와 고뇌에 공감하여 눈물 흘리는 것만으로는 충분하지 않다. 어떤 사람들은 슬프고 애처로운 이야기나 감동적인 연설에 눈물을 흘리기도 하지만 그리스도의 보혈의 능력에 대해서는 전혀 모를 수 있다. 그리스도의 죽음을 위대하고 파급력이 큰 사실로 여기더라도, 믿음으로 그리스도의 죽음이 나의 죄 때문임을 받아들이고, 이를 통해 '주님의 고난에 동참한다는 것'을 깨닫게 되기 전에는 아무런 의미가 없다. 간단히 말하자면, 그리스도의 죽음은 그리스도가 죽었을 때, 나도 함께 죽었다는 것을 의미한다. 하나님의 관점으로는 내가 내 죄로 말미암아 죽었고, 이제 그리스도와 함께 다시 살아나서 이전의 죄에서 의롭다 함을 얻은 다른 사람으로 인정받는 것인데, 이는 주님이 내 자신의 죄로 인해 죽임을 당했기 때문이다. "이는 죽은 자가 죄에서 벗어나 의롭다 하심을 얻었음이라"(롬6:7). 이뿐 아니라, 이것은 나의 성화의 비밀이기도 하다. 왜냐하면 갈보리의 그 십자가에서 죄인인 내가 죽임을 당했기 때문이다. 내가 그리스도와 함께 그 십자가에 나를 매달고 나 자신을 죽은 자로 여겼을 때, 부활하신 그리스도의 생명이 내 안으로 들어오고 이제 더 이상 나의 싸움, 나의 선함, 나의 악함이 아니라 내 안에 사시는 주님의 싸움과 주님의 선함이 된다. 그러므로 내가 주님 안에 거하는 한 나는 주님과 같이 여겨지고, 주님이 행하신 것처럼 나도 행할 수 있게 된다.

사랑하는 여러분, 당신은 그리스도의 죽음에 참여하여 그의 죽음을 당신의 죽음으로 여기며, 이것을 통해 이제는 '그의 부활의 능력'으로 하나님이 의도하시는 삶을 살아가고 있습니까?

## 부활하신 생명

십자가에서 멈추는 것은 십자가에 이르기 전에 멈추는 것과 마찬가지로 잘못된 것이다. 우리의 믿음에 십자가에서 죽으신 그리스도만 있다면, 그것은 우리의 믿음에서 그리스도의 죽음을 없애 버리는 것만큼이나 잘못된 것이다. 왜냐하면 그리스도의 죽음은 그리스도의 부활의 배경일 뿐이기 때문이다. 내려놓았던 생명이 다시 살아났고, 이제 우리 앞에 서신 주님은 "나는 곧 살아 있는 자라 내가 전에 죽었었노라"(계1:18b)고 말씀하신다. 이것은 구세주가 매달려 있는 십자가가 아니라 그가 매달렸었지만, 이제는 매달려 있지 않은 십자가이고, 그가 누우셨던 무덤은 지금은 비어 있는, 영원한 생명에 이르는 바로 그 길이다. 그래서 요한일서의 첫 구절은 부활하신 주님을 잘 드러낸다. "생명의 말씀에 관하여는 우리의 손으로 만진 바라." 이 구절은 예수님이 제자들 가운데 서서 "나를 만져 보라 영은 살과 뼈가 없으되 너희 보는 바와 같이 나는 있느니라"(눅24:39)고 말씀하셨던 그 아침을 생각나게 한다. 요한의 글에서 이런 표현들이 무한한 감동을 주는 이유는 주님의 가슴에 머리를 기댔던 요한이 의심의 여지 없이 주님의 부활이 실제였음을 증명하며 다시 한번 자신이 체험했던 익숙한 사랑의 손길을 주장하고 있기 때문이다.

그리고 이 구절은 우리로 하여금 '그리스도의 보혈'이라는 표현이 부활과 관련하여 더 높고 더 깊은 의미를 갖는다는 것에 주목하게 한다. 왜냐하면 "피는 생명"(신12:23)으로 이 보혈은 예수 그리스도의 생명, 우리를 모든 죄에서 깨끗하게 하는 그분의 속죄의 죽음일뿐 아니라 부활하신 생명이기 때문이다. 우리는 "그의 죽으심으로 만큼이나 그의 살아나심으로 구원을 받았다"(롬5:10). 피가 속죄의 죽음을 의미함을 출애굽기에서 볼 수 있다. 모세는 산기슭에서 수소 몇 마리를 제물로 바치고 그 피를 제단에 흘린 후에 피의 일부를 대야에 가져다가 백성들에게 뿌렸다. 그리고 그들은 그 피를 가지고 산으로 올라가 거기서 하나님을 만났는데, 그 피 덕분에 허락된 만남이었다. 피는 또 부활하신 그리스도의 생명 - 죽은 후에 다시 되찾은 생명을 의미하기도 한다. 그래서 감사함으로 우리는 부활하신 주님의 승리를 기뻐하고 그분을 생명의 왕이요 살아계신 자로 환호한다. 지금 그분은 죽음의 정복자로 살아 계시며 그분의 죽음과 부활에 연합한 모든 사람을 위한 새 생명의 주인이시다.

## <u>우리 안에 거하시는 생명</u>

이 생명은 예수님 자신을 위한 것이 아니라 우리를 위한 것이다. 죽은 자 가운데서 살아나신 예수님은 이제 오셔서 우리 안에서 그분의 생명을 다시 사신다. 이것이 요한

일서에서 드러난 성화의 비밀이며, 요한일서와 관련된 모든 난제를 풀어 줄 열쇠다. 신약의 어떤 부분도 이 서신만큼 '거룩함이란 주제에 대해 모순되는 것처럼 보이는 부분'이 많지는 않을 것이다. 예를 들어, 첫 장에서는 이렇게 말한다. "만일 우리가 죄가 없다고 말하면 스스로 속이고 또 진리가 우리 속에 있지 아니할 것이요"(요일 1:8). 그러나 조금 뒤에 "하나님께로부터 난 자마다 죄를 짓지 아니하나니 이는 하나님의 씨가 그의 속에 거함이요 그도 범죄하지 못하는 것은 하나님께로부터 났음이라"(요일 3:9)고 한다. 상충되는 이 두 구절을 어떻게 이해할 수 있을까? 이것은 매우 간단하다. 먼저, 우리, 즉 인간인 '우리'는 죄성이 있고 죄를 지었다는 사실이다. 우리 안에 선한 것이 없으며, 우리는 우리 자신을 가치 없고 무기력한 존재로 포기해 버린다. 하지만 다른 한편으로 우리는 예수님을 우리의 생명으로 얻었으며 그분의 생명에는 죄가 없다. 주님이 뿌린 씨는 깨끗하지 않은 땅에 심겨졌어도 주변의 흙 때문에 더럽혀지지 않고 천사의 날개처럼 순결하게 자라는 아름다운 구근처럼 흠이 없다. 이 씨는 우리와는 전혀 다른 부류에 속하며 근본적으로 또 본질적으로 순결하다.

이 모든 비밀의 열쇠는 이 서신의 두 구절에 있다. 첫째 구절은 "그 안에 거하는 자마다 범죄하지 아니하나니"(요일 3:6)[1] 이다. 거룩함의 비밀은 바로 우리의 거룩함이 아니라 그분의 거룩함이라는 사실이다. 이 구절에는 우리의 완전함에 대한 언급은 전혀 없이, 우리가 주님께 매달리고 그분에게서 우리의 생명을 얻는 순간에만 우리가 죄로부터 자유로워질 수 있다고 말한다. 우리 안에 거하시는 그리스도가 우리의 생명이다.

둘째 구절은 "하나님께로부터 난 자는 다 범죄하지 아니하는 줄을 우리가 아노라 하나님께로부터 나신 자가 그를 지키시매 악한 자가 그를 만지지도 못하느니라"(요일 5:18). 아멘! 이 구절은 같은 진리를 다른 방식으로 다시 한 번 설명한다. 우리 안에 거하시는 하나님의 독생자는 죄의 권세와 사탄의 공격으로부터 우리를 지켜 주신다. 마귀가 자주 공격하지만 우리는 벌레를 잡아 먹는 새와 유리창을 사이에 둔 작은 벌레 같아서 '악한 자가 우리를 만지지도 못하는' 것이다.

---

1. NIV/ESV 버전은 'No one who abides in Christ **keeps** sinning'이라 번역하지만 원어 그리스어 대조성경에는 'No one who **keeps** abiding in Christ sins'라고 쓰여 있다. 올바른 번역은 우리에게 익숙한 '그리스도 안에 거하는 자는 계속 죄를 짓지 않는다'가 아니라 '그리스도 안에 계속 거하는 자는 죄를 짓지 않는다'이다. 얼마나 큰 차이인가! 6장에서 다루게 될 승리하는 삶을 살아가는 열쇠들 중의 하나, '순간순간 주님을 인정하며 살아가는 삶'과 연결된다.

이 말씀들을 연결해 주는 구절이 하나 더 있다. "하나님의 아들이 있는 자에게는 생명이 있고 하나님의 아들이 없는 자에게는 생명이 없느니라"(요일 5:12). 여기에서 영적 생명의 근원을 이루는 것은 주 예수님과의 인격적인 연합이다. 그러므로 바울이 발견한 비밀, 곧 "너희 안에 계신 영광의 소망이신 그리스도"(골1:27b)는 주님의 품에 기댔던 제자 요한의 비밀이기도 하다. 우리 주 예수 그리스도로 말미암아 그의 모든 충만하심으로 생명의 비밀이신 그리스도, 영원하신 생명이요, 나타나신 생명이며, 십자가에 못 박히신 생명, 그리고 부활하신 생명, 이제는 우리 안에 거하시는 생명이신 그리스도를 알게 되기를 기도한다. 세세 무궁토록, 주님께 영광을 드리며, 아멘.

## 되새기기

- 하나님은 기록된 말씀만 주신 것이 아니라, 살아있는 사람으로 예수님을 이 세상에 보내셔서 그분이 사셨던 실제 모습을 통해 하나님의 성품을 나타내시고 인류에 대한 하나님 사랑의 목적을 보여주셨다.

- 내가 그리스도와 함께 그 십자가에 나를 매달고 나 자신을 죽은 자로 여겼을 때, 부활하신 그리스도의 생명이 내 안으로 들어오고 이제 더 이상 나의 싸움, 나의 선함, 나의 악함이 아니라 내 안에 사시는 주님의 싸움과 주님의 선함이 된다. 그러므로 내가 주님 안에 거하는 한 나는 주님과 같이 여겨지고, 주님이 행하신 것처럼 나도 행할 수 있게 된다.

- 십자가에서 멈추는 것은 십자가에 이르기 전에 멈추는 것과 마찬가지로 잘못된 것이다.

- 왜냐하면 "피는 생명"(신12:23)으로 이 보혈은 예수 그리스도의 생명, 우리를 모든 죄에서 깨끗하게 하는 그분의 속죄의 죽음일뿐 아니라 부활하신 생명이기 때문이다.

- **"그 안에 거하는 자마다 범죄하지 아니하나니"**(요일 3:6)

- **"하나님께로부터 난 자는 다 범죄하지 아니하는 줄을 우리가 아노라 하나님께로부터 나신 자가 그를 지키시매 악한 자가 그를 만지지도 못 하느니라"**(요일 5:18)

- **"하나님의 아들이 있는 자에게는 생명이 있고 하나님의 아들이 없는 자에게는 생명이 없느니라"**(요일 5:12)

- **"너희 안에 계신 영광의 소망이신 그리스도"**(골1:27b)

**2장**

인격체이신 그리스도

# 2장_인격체이신 그리스도

> "내 안에 거하라 나도 너희 안에 거하리라… 나를 떠나서는 너희가 아무 것도 할 수 없음이라" (요 15:4-5).
>
> "예수는 하나님으로부터 나와서 우리에게 지혜와 의로움과 거룩함과 구속함이 되셨으니" (고전 1:30b).

한 선교사는 자신이 섬기던 중국인들이 '이름뿐인 크리스천'과 '진정한 제자'를 구별하는 법을 알게 됐다고 한다. 마을에 거주하는 모든 유럽인들은 크리스천이라고 불렸지만, 중국인들은 그들의 생활을 보고 그들이 어느 부류인지 추정할 수 있게 됐다. "만약 술에 취해 신성 모독하는 이 외국인들이 크리스천이라면 우리를 기독교로부터 구해주세요"라고 말한 사람들도 종종 있었다. 이들은 예수를 진심으로 따르는 자들과 이름뿐인 크리스천들 사이의 차이점을 발견하고 전자를 크리스천이 아니라 "예수 사람들"이라고 불렀다. 이들은 외적으로 크리스천이라 불리는 것과 진정으로 그리스도를 닮아가는 것을 구별할 줄 알게 되었다.

 이러한 사실은 그리스도인의 생명(The Christian life)과 그리스도의 생명(The Christ life)의 차이를 설명하는 데 도움이 될 수 있다. 그리스도인의 생명이란 특정한 사상과 원칙을 받아들이고 정해진 형식과 의식을 준수하는 것에 지나지 않을 수 있다. 하지만 그리스도의 생명은 살아계신 그리스도 그분과의 영혼의 연합을 통해 얻게 되는 생명력있는 신성한 체험이다. 그리스도인의 생명은 그리스도를 본받고 그분의 가르침과 계명을 따르려는 정직한 시도를 할 수 있게 하지만, 그리스도의 생명은 우리의 삶 가운데 예수님 자신이 성육신하시는 것이다. 그리스도께서 그분의 생명으로 우리 안에 사셔서, 이제는 우리가 우리의 생명으로 사는 것이 아니라, 그리스도의 생명으로 살게 되어 우리 스스로는 될 수 없는 그런 사람이 되고, 우리 자신의 힘으로는 결코 성취할 수 없는 일을 할 수 있게 된다.

## <u>성품</u>

 이런 맥락이 의미하는 바, 첫 번째는 성품이다. 지나간 역사에서 우리가 가장 중요하게 여기는 것은 사건들의 기록이라기보다는 역사 속에 그려진 사람들의 행동이다. 한 국가가 위대한 것은 그 국가의 장엄한 풍경이나 쾌적한 기후 때문이라기보다 그 국가에 민족성을 부여하는 사람들 때문일 것이다. 우리의 영웅들은 우리의 전통, 역사, 시, 문학, 예술보다 중요하다. 우리 삶에서 가장 중요하게 여기는 것은 우리의 집과 땅, 거래와 재산, 문화와 성장이 아니라 우리의 친구들과 사랑하는 사람들이다. 당신은 목숨이 위태로운 연약한 생명을 위해 당신이 가진 모든 것을 바칠 것이며, 당신에게 가장 소중한 보물은 당신이 사랑하고 당신의 사람이라 불리는 이들이다.

그래서 더 높은 차원에서, 우주에서 가장 위대한 개념은 인격적인 하나님이란 개념이다. 우리는 하나님이 추상적 개념이나 이론이 아니라, 생각으로 만질 수 있고 믿음과 사랑의 팔로 안을 수 있는 살아 계신 분임을 알게 되어 기뻐한다. 크리스천 사이언스(Christian Science)의 망상으로부터 막 벗어난 한 여인은 예수 그리스도의 인격을 깨닫게 되면서 이렇게 외쳤다고 한다. "그리스도는 사람이 아니라 원리일 뿐이라고 가르친 그들의 끔찍한 오류를 여태껏 깨닫지 못했다니 정말 이상합니다. 마당에서 자라는 포도 덩굴을 신성한 원리라 여기며 사랑하려고 노력하는 게 더 나을 뻔

했어요. 저의 복되신 구세주 예수님이 제 자신만큼이나 실재하신 분이라니 얼마나 기쁜지 모르겠어요."

## 인격체이신 그리스도

　예수님의 삶에 관한 이야기를 읽어 보면, 모든 놀라운 사건과 말씀 뒤에는, 살아 계신 그분 자신이 있다. 그분의 성품이 너무나 고귀해서 기독교를 믿지 않는 사람들이 이해하기 가장 어려운 것은 성경이 아니라, 성경 속의 그리스도라고 말하게 된다. 자기 자신에 대해 그토록 많이 언급하고, 자신을 인칭 대명사로 그리 자주 부른 사람이 또 있을까? "나는 생명의 빵이다" "나는 세상의 빛이다" "나와 아버지는 하나이니라" "나 없이 너희는 아무것도 할 수 없다." 하지만 이 모든 표현들이 너무나 자연스럽고, 적절하고, 위엄 있고, 주님의 성품과 인격에 부합되기 때문에 우리는 그분의 말씀에 경외심과 감탄으로 귀를 기울일 수밖에 없다. 그분은 무대 앞에 나서는 것이 자연스럽고, 자신이 계시한 모든 진리와 이루신 모든 일보다 더 큰 존재라는 걸 우리는 본능적으로 직감하게 된다. 뿐만 아니라 그분은 지금도 살아 계시는 인격체이다. "보라, 나는 항상 너와 함께 있다." "보라, 나는 영원히 살아 있다." 그분은 갈릴리에서 생활했던 것처럼 모든 세대와 실제로 동행하신다. 그는 "어제나 오늘이나 영원히 동일하게" 기독교의 머리이시며 심장이시다.

*The healing of His seamless dress Is by our beds of pain;*
*We touch Him in life's throng and press,*
*And we are whole again.*
*But warm, sweet, tender, even yet,*
*A present help is He,*
*And faith has still its Olivet,*
*And love its Galilee.*

*이음새 없는 주님 옷의 치유는*
*우리의 고통의 침상 곁에 있습니다.*
*삶의 어지러움과 압박 속에서,*
*우리는 그분의 옷깃을 만집니다.*
*그리고 우리는 다시 온전해집니다*
*따뜻하고, 감미롭고, 부드럽게,*
*지금 이 시간에도 여전히 우리의 도움이 되시는 주님,*
*감람산에서 가르쳐 주신 믿음은 지금도 우리에게 요구되며,*
*갈릴리에서 보여 주신 사랑은 지금도 우리에게 나타납니다.*

## 그리스도와의 인격적인 연합을 통한 구원

그리스도의 인격은 우리의 구원과 밀접하게 연결되어 있다. 우리는 신앙 신조를 받아들이거나 교리를 믿어서 구원을 받는 것이 아니라 한 사람을 받아들임으로써 구원을 받는다. "아들이 있는 자에게는 생명이 있고 하나님의 아들이 없는 자에게는 생명이 없느니라"(요일 5:12). "그러므로 이제 그리스도 예수 안에 있는 자에게는 결코 정죄함이 없나니"(롬 8:1). 주 예수 그리스도와의 관계가 우리의 운명을 결정한다. 예수 그리스도, 그분은 죄 많은 인간에게 하나님 아버지께서 주신 선물이며, 그 선물을 받아들임으로써 우리는 하나님과 교제하게 되고 구속의 모든 혜택을 누리게 된다. 아담이 타락한 인류의 머리였던 것처럼 그리스도는 구속 받은 자들의 머리가 되신다. "아담 안에서 모든 사람이 죽은 것 같이 그리스도 안에서 모든 사람이 삶을 얻으리라"(고전15:22).

## 그리스도, 우리의 생명

마찬가지로 우리의 깊은 내적인 삶도 그리스도와의 인격적인 연합을 통해서 이루어진다. 사도 바울은 이것을 다음과 같이 역설적으로 표현했다. "내가 그리스도와 함께 십자가에 못 박혔나니 그런즉 내가 사는 것이 아니요 오직 내 안에 그리스도께서 사시는 것이라 이제 내가 육체 가운데 사는 것은 나를 사랑하사 나를 위하여 자기 자신을 버리신 하나님의 아들을 믿는 믿음 안에서 사는 것이라"(갈 2:20). 거룩함이란 서서히 얻게 되는 성품이 아니라 예수님과의 연합을 통해 주어지는 것이다. 이 연합은 너무나 완전하고 친밀하여 예수님이 친히 이것을 포도나무와 가지의 비유로 설명하시며 "그가 내 안에, 내가 그 안에 거하면 사람이 열매를 많이 맺나니 나를 떠나서는 너희가 아무 것도 할 수 없음이라"(요 15:5b)고 덧붙이셨다. 우리는 거룩함의 경지에 천천히 힘들게 오르는 것이 아니라, 거룩하신 그리스도를 받아들여 우리 안에 거하시게 하고 그분의 모든 은혜와 영광의 경지로 우리가 들어 올려지게 되는 것이다. "너희는 하나님으로부터 나서 그리스도 예수 안에 있고 예수는 하나님으로부터 나와서 우리에게 지혜와 의로움과 거룩함과 구속함이 되셨으니"(고전 1:30). 우리가 할 일은 윤리 도덕적으로 살려고 고군분투하는 것이 아니라, 주님을 받아들이고 주님 안에 거하면서 주님으로부터 날마다 조금씩 주님의 탁월함과 주님의 성품 그리고 주님의 은혜, "은혜 위에 은혜"를 받아들이는 것이다.

## 그리스도, 우리의 육체적 생명

우리의 육체적 생명도 동일한 인격적 근원에서 비롯된다. 사도 바울은 결국 소멸하게 될 자신의 육체에도 예수님의 생명이 나타났다고 선언한다. 바울은 본래 육신의 생명을 가지고 있어서, 과도한 수고와 시련의 압박으로 인해 때로는 자신의 한계를 느끼며 소진되었다. 그러나 그에게는 제2의 생명, '곧 예수의 생명'이 있어서 자기 힘으로는 감당할 수 없는 고난을 견딜 수 있었다. 영광스러운 주님의 부활한 몸은 주님을 신뢰하는 모든 사람들을 위한 물리적인 에너지의 근원이다. 우리가 주님 안에 거하고 주님에게서 만물을 지탱하는 그분의 힘을 얻게 될 때 우리는 "그분의 살을 먹고" "그분의 피를 마시며" 주님 안에 거하게 되어 "내가 살아 있고 너희도 살아 있겠음이라"(요14:19)는 말씀이 우리 안에서 실현된다.

## 그리스도, 우리의 소망

그리스도의 재림에 관한 영광스러운 교리는 인격체이신 그리스도 그분이 없이는 아무런 의미가 없을 것이다. 그분을 따르는 자들이 가장 고대하는 것은 그분이 가져오실 보상이나 그분이 수여하실 면류관이 아니라, "그들이 그의 얼굴을 볼터이요"(계22:4), "이는 보좌 가운데에 계신 어린 양이 그들의 목자가 되사 생명수 샘으로 인도하시고"(계7:17)라고 하신 말씀이 마침내 이루어질 그 복된 시간과 장소에 계실 인격체이신 주 예수이다. 재림에 대한 소망의 핵심도 바로 이것이다. "내가 다시 와서 너희를 내게로 영접하여 나 있는 곳에 너희도 있게 하리라"(요14:3). 하나님은 믿는 자들의 영적인 삶의 총체이자 본질이 되는 특별한 자격을 그 아들에게 부여하셨다. 골로새서 2장 9절에 "그 안에는 신성의 모든 충만이 육체로 거하시고"라고 기록되어 있다. 하나님은 사람이 필요로 하는 모든 것을 그리스도 안에 두셨다. 하나님은 여러분과 저를 위해 하나님 자신의 모든 능력과 사랑과 도움을 이 복된 사람, 주 예수, 그 안에 다 모으셨고 인격화하셨다. 로마의 바티칸에는 아름다운 벽화가 그려진 천장이 있는데, 너무 높아서 이것을 제대로 볼 수 없다고 한다. 방문자들이 아무리 열심히 보려고 해도 헛수고였다. 이 어려움을 해결하기 위해 바티칸 당국은 천장이 반사되어 보이게 거울을 설치했다. 이제 방문자들은 작은 거울까지 걸어가기만 하면 된다. 어지러울 정도로 높은 곳에 있는 프레스코화의 아주 섬세한 붓놀림까지도 바로 눈 앞에 반사되어 볼 수 있게 되었다. 이처럼 하나님은 자신의 영광과 아름다움과 도우심을 인간의 무지와 무력함의 수준으로 내려놓으셨다. 하나님은 모든 것을 거울이신 예수 그리스도 안에 두고 말씀하신다. "네게 필요한 것이 내 안에 있느냐? 그것은 이 거울 안에 있다." 그런 다음 하나님은 그 거울을 당신의 손에 쥐어주고 말씀하신다. "나의 모든 것을 예수 안에 두었고 이제 그를 너에게 주고 너는 그를 너의 소유라고 주장할 수 있다."

## 이상적인 인간

이 복되신 그리스도는 하나님의 풍성함의 실체일 뿐 아니라 사람들이 마땅히 추구해야 할 패턴이며 본보기이다. 한 사람, 오직 한 명만이 완벽한 인간의 삶을 살았다. 하나님은 간절한 마음으로 한 선지자의 입술을 통해 이렇게 말씀하셨다. "내가 그들의 모든 지파 중에서 한 사람을 찾았으나 찾지 못하였노라." 하나님은 이상적인 인간의 성품이 요구하는 것들을 충족시킬 사람을 찾았지만 찾지 못하셨다. 그러나 마침내 한 사람이 나타났고 다시 그를 바라보고 기뻐하시며 "이는 내 사랑하는 아들이요 내 기뻐하는 자라" "내가 붙드는 나의 종, 내 마음에 기뻐하는 나의 택한 사람을 보라"고 말씀하셨다. 그는 하나님의 기대를 만족시켰고 모든 사람의 본보기가 되었다. 이상적인 남자, 여자, 어린이의 삶을 이 땅에서 살았다. 완벽한 성품, 여성의 마음, 남성의 남자다움의 표본이 되고, 벤치에 앉아 있는 노동자, 설교자, 교사, 친구, 고통당하는 자, 유혹받는 자를 위한 본보기가 되었다. 우리가 어떤 상황에 있든 예수님도 그 상황을 경험하셨다.

그리고 이제 이 복되신 주님이 당신에게 주어졌다. 주님은 말씀하신다, "나를 먼 발치에서 따라가는 본보기로 받아들이지 말고, 네 안에 들어가 내 성품을 너에게 심어, 자연스럽게 너의 성품이 되게 하는 생명, 즉 선택이나 의사 결정을 할 때, 무의식 중에도 따르게 되며, 감정 표현에도 스며들어 나타나게 되는 그런 생명으로 나를 받아들여라." 이것이 그리스도의 생명이다. 바로 오늘 당신에게 오셔서 그분의 충만함과 모든 충족함을 주시는 그리스도이시다.

## <u>우리의 본성과의 조화</u>

"우리가 각자의 개성을 잃지 않고 어떻게 그렇게 될 수 있나요?" 크리스천은 아니지만 진리에 대한 깊은 갈망을 가진 사려 깊고 총명한 한 여성이 질문했다. "그것은 우리의 인격을 파괴하고 우리 개인이 갖고 있는 자율성을 침해할 것입니다." 제 대답은 "그리스도 없이 당신의 인격은 불완전합니다. 그리스도는 당신을 위해 있고 당신은 그리스도를 위해 만들어졌습니다. 그리스도를 만나기까지 당신은 완전하지 않습니다. 당신이 그분을 필요로 하듯이 그분도 당신을 필요로 하십니다. 가스 버너가 '내가 이 불을 켜면 가스가 개성을 잃을 것이다'라고 말한다고 가정해 봅시다. 가스가 존재의 목적이 이루어지는 것은 불이 켜질 때뿐입니다. 눈송이가 '어떡하지? 내가 땅에 떨어지면 나의 개성을 잃을 텐데'라고 말한다고 가정해 봅시다. 그러나 눈송이는 떨어지고 토양에 흡수되어 결국 앵초(primroses)와 국화(daisies)에게서 보여지게 됩니다. 우리 자신을 잃고 그리스도 안에서 새 생명으로 다시 일어나는 것은 영광스러운 일입니다."

## 그리스도를 위해 창조된

미국 대서부의 황량한 평원을 지나간 적이 있었는데, 차를 빨리 몰았는데도 며칠이 걸렸다. 날마다 보이는 것이라곤 모래와 길을 따라 자라난 산쑥(sagebrush) 뿐이었다. 이 평원에 대해 물었을 때, 이곳이 미국에서 토양이 가장 좋은 곳이라고 했다. 산쑥이 자라는 곳이면 무엇이든 자랄 수 있다고 한다. 그런데 왜 황량한 것일까? 가끔 우리는 다른 곳과 달리 풀이 푸르게 잘 자란 오아시스를 지나기도 했다. 거기에는 열대 지방의 열매들과 무화과나무와 오렌지가 자라는 과수원들도 있었다. 왜 이렇게 다른 걸까? 우리는 과수원들을 걸어 다니면서 산골짜기 시냇물을 끌어들여 그 땅에 물을 댄 도랑을 발견했다. 이 차이를 가져오는 것은 단 하나, 물이었다. 이와 마찬가지로, 당신이 모든 가능성을 갖고 있더라도 물을 들여보내서 열매를 맺기 전까지는 아무 소용이 없다. 사막은 물이 필요하고 물은 사막이 필요하다. 당신은 그리스도가 필요하고 그리스도는 당신이 필요하다. 당신이 주님 안에 거하고 주님이 당신 안에 거하는 이 연합을 통해서 많은 열매를 맺을 것이다. 왜냐하면 주님이 "나를 떠나서는 너희가 아무 것도 할 수 없음이라"(요한15:5)고 말씀하셨기 때문이다.

## 되새기기

- 그리스도께서 그분의 생명으로 우리 안에 사셔서, 이제는 우리가 우리의 생명으로 사는 것이 아니라, 그리스도의 생명으로 살게 되어 우리 스스로는 될 수 없는 그런 사람이 되고, 우리 자신의 힘으로는 결코 성취할 수 없는 일을 할 수 있게 되는 것이다.

- 그는 갈릴리에서 생활했던 것처럼 모든 세대와 실제로 동행하신다.

- "너희는 하나님으로부터 나서 그리스도 예수 안에 있고 예수는 하나님으로부터 나와서 우리에게 지혜와 의로움과 거룩함과 구속함이 되셨으니"(고전 1:30).

- 거룩함이란 서서히 얻게 되는 성품이 아니라 예수님과의 연합을 통해 주어지는 것이다.

- 우리가 할 일은 윤리 도덕적으로 살려고 고군분투하는 것이 아니라, 주님을 받아들이고 주님 안에 거하면서 주님으로부터 날마다, 조금씩 주님의 탁월함과 주님의 성품, 그리고 주님의 은혜, "은혜 위에 은혜"를 받아들이는 것이다.

- "그 안에는 신성의 모든 충만이 육체로 거하시고"(골2:9).

- "나를 먼 발치에서 따라가는 본보기로 받아들이지 말고, 네 안에 들어가 내 성품을 너에게 심어, 자연스럽게 너의 성품이 되게 하는 생명, 즉 선택이나 의사 결정을 할 때, 무의식 중에도 따르게 되며, 감정 표현에도 스며들어 나타나게 되는 그런 생명으로 나를 받아들여라."

- 당신이 주님 안에 거하고 주님이 당신 안에 거하는 이 연합을 통해서 많은 열매를 맺을 것이다. 왜냐하면 주님이 "나를 떠나서는 너희가 아무 것도 할 수 없음이라"(요한15:5)고 말씀하셨기 때문이다.

**3장**

그리스도 안에서 우리는

# 3장_그리스도 안에서 우리는

> "내가 그리스도 안에 있는 한 사람을 아노니"
> (고후12:2)

성경은 그리스도와의 연합의 두 가지 측면을 제시하고 있다. 이는 헬라어 전치사 "안에(in)"로 가장 잘 표현되는데, 그 축복의 양면을 보여준다. 첫째는 우리가 "그리스도 안에(in Christ)" 있다는 개념이고 둘째는 "당신 안에 있는 그리스도(Christ in you)"의 개념이다. 이 둘은 다르지만 서로 보완하며 함께 그리스도의 생명을 형성한다. 첫째 개념은 우리가 그리스도 안에 있다고 말하는데, 그리스도 안에 있다는 것은 무엇을 의미하는가? 이것은 그리스도가 우리를 대표하고 그분이 우리를 지지, 옹호하며 그분의 지위에서 갖게 되는 모든 혜택과 특권을 우리가 누리게 됨을 말한다. 아담이 첫 창조물인 만큼 우리는 아담 안에 있다. 지역 정치인들이 우리를 옹호하고 대표할 때, 우리는 그들 안에 있다. 이처럼 그리스도 예수가 우리의 대표자로서 우리를 위해서 하는 행위는 어느 정도 우리의 것이 된다. 그분은 자신을 위해서가 아니라 우리를 위해 일하신다.

## 그리스도 안에서, 우리의 죄가 심판 받는다

그리스도 안에서 우리의 죄가 심판을 받았다. 십자가에서 예수님이 받은 심판은 그의 백성들의 죄를 위한 것이었다. 주님은 고난의 길을 가시면서 "이제 이 세상에 대한 심판이 이르렀다"(요한12:31)고 말씀하실 수 있었다. 우리의 죄는 예수님에게 지워졌고 그분 안에서 씻겨졌고, 법적으로 처리되었다. 우리가 짊어져야 할 형벌, 우리가 마땅히 받아야 할 수치와 고난을 예수님이 받으셨다. 그분을 신뢰하고 그분을 구세주로 여김으로써 시작되는 그분과의 연합은 우리가 마땅히 받아야 할 심판에서 우리를 구원한다. 이것이 그리스도 안에 있음으로 누리게 되는 첫 번째 혜택이다. "우리가 그리스도 안에서 그의 은혜의 풍성함을 따라 그의 피로 말미암아 속량 곧 죄 사함을 받았으니"(엡 1:7). "그러므로 이제 그리스도 예수 안에 있는 자에게는 결코 정죄함이 없나니"(롬 8:1). "내 말을 듣고 또 나 보내신 이를 믿는 자는 영생을 얻었고 심판에 이르지 아니하나니 사망에서 생명으로 옮겼느니라"(요5:24).

## 그리스도 안에서, 의롭다 함을 얻는다

다시 말하지만 우리가 그리스도 안에 있으면 그의 의로 말미암아 의롭다 함을 얻는다. 우리의 죄가 씻겨졌을 뿐 아니라 그의 의에 미치지 못하는 우리의 부족함도 없어진다. 그리스도는 우리가 순종할 수 없는 율법의 요구를 완전히 충족시키셨고 그의 공로와 의를 우리에게 주신다. 그래서 마치 우리가 계속 율법을 지켜왔고 하나의 흠도 없는 예수님의 영을 가진 것처럼 예수님과 같은 자리에 선다. 우리는 예수님의 의를 받는다. 우리의 죄를 용서하시고 의롭다 하신 그리스도는, 우리를 감옥에서 막 풀려나와 새 삶을 시작하는 아무런 기반이 없는 가난하고 비참한 노숙자처럼 그냥 내버려두실 수도 있지만, 율법의 형벌에서 우리를 구원하실 뿐만 아니라 그분의 지위도 우리에게 주신다. 그리스도는 우리에게 의가 되신다. "하나님이 죄를 알지도 못하신 이를 우리를 대신하여 죄로 삼으신 것은 우리로 하여금 그 안에서 하나님의 의가 되게 하려 하심이라"(고후 5:21). 이것이 그리스도 안에 있음으로 우리에게 주어지는 두 번째 혜택이다. 죄는 없어지고 실패와 결점은 모든 것을 충족시키시는 그분의 장점으로 채워진다. 얼마나 큰 기쁨인가!

*Jesus, Thy blood and righteousness,*
*My beauty are, my glorious dress*

*예수님, 주님의 보혈과 의로우심은 이제*
*저의 아름다움, 저의 영광스러운 의복입니다.*

우리가 그리스도 안에 있으면 우리는 하나님 아버지께 받아들여진다. 개인적으로 아버지께서 받아주신다. 우리는 그리스도와 같은 대우를 받게 되며 그리스도가 누리는 동일한 지위에 오르게 된다. 이것은 단지 재판관이 펜을 들어 우리의 죄를 지우는 것이 아니고, 은행가가 펜을 들어 우리에게 백지 수표를 쓰는 것도 아니다. 이것은 아버지가 팔을 벌려 그의 자녀를 안으시고 바로 독생자 예수의 지위를 주시는 것이다. 부랑자를 부자로 만드는 백만장자가 아니라 탕자를 품에 안아 "그의 사랑하는 아들"로 받아들여 주시는 아버지이신 것이다. 이것이 "그리스도 안에"라는 표현이 의미하는 바이다. 죄가 지워지고, 의가 주어지며, 심지어 우리도 예수님이 사랑받으신 것처럼 사랑받는 것이다.

## 그리스도 안에서, 하나님의 자녀가 된다

누구든지 그리스도 안에 있으면, 그는 그리스도가 맺고 있는 모든 관계를 누리게 되고, 하나님께 그리스도와 같은 존재가 된다. 예수님은 "내 아버지 곧 너희 아버지, 내 하나님 곧 너희 하나님"(요20:17)이라고 부르셨다. "영접하는 자 곧 그 이름을 믿는 자들에게는 하나님의 자녀가 되는 권세를 주셨으니"(요1:12), "너희가 다 믿음으로 말미암아 그리스도 예수 안에서 하나님의 아들이 되었으니"(갈3:26).

신약 성경에서는 아들의 신분을 설명하기 위해 두 단어, teknon과 huios가 사용되었다. teknon은 생물학적인 면에서 태어난 아들을 의미하지만 huios는 훨씬 더 많은 의미를 포함한다. 아들의 신분을 표현하는 이 두 번째 단어 huios는 주로 그리스도의 아들의 신분을 말할 때 쓰였고, 예수님을 언급할 때를 제외하고는 거의 사용되지 않았다. 하지만 그리스도와 연합하는 자들을 언급할 때는 사용되었다. 그들은 하나님의 자녀로 태어났을 뿐 아니라 그리스도와 같이 여겨진다. 즉 그들은 생물학적으로 새로 태어난 자녀의 명분만이 아니라 그리스도의 지위도 갖게 되는 것이다. 그들은 하나님의 자녀일 뿐 아니라 "맏아들"이다. 그 당시 중동인들의 의식에는 그냥 자녀와 맏아들 사이에 큰 차이가 있었다. 맏아들은 상속자였다. 다른 자녀들에게도 무언가 역할이 있었지만 맏아들이 상속자였다. 그래서 예수님을 "많은 형제 중에 맏아들"(롬8:29)이라 표현하고 믿는 자들도 "맏아들"이라고 불린다.

그러므로 사랑하는 여러분, 우리는 천사들도 될 수 없는 하나님의 자녀이다. 우리는 예수님과 같은 하나님의 자녀이다. 우리는 "장자들의 모임과 교회"(히12:23)에 속하고 우리는 "하나님의 상속자요 예수 그리스도와 함께 한 상속자"(롬8:17) 인 것이다.

## 그리스도 안에서, 기도응답을 받는다

그리스도 안에서, 우리가 기도와 예배를 드릴 때 우리는 대제사장에 힘입어 보좌 앞에 선다. 대제사장 되신 그리스도가 받아들여지는 것처럼 그분 덕분에 우리도 받아들여진다. 대제사장은 우리의 이름이 쓰여진 청원서를 넘겨주며 뒷면에 그리스도의 이름을 쓴다. 그러면 우리의 기도는 그리스도가 요청하는 것처럼 아버지께로 간다. 대제사장 되신 그리스도가 바로 그분의 인격과 성품으로 우리를 대신한다. 그리스도가 홀로 거기에 서는 것이 아니며, 우리도 우리 개인으로 보여지는 것이 아니라 대제사장되신 그리스도와 하나로 여겨진다. 그렇게 우리가 그리스도와 하나가 되어 보좌로 나갈 때, 우리가 원하는 것을 구하면 주어질 것이다. 이것이 바로 이 말씀이 주는 약속의 의미이다. "너희가 내 안에 거하고 내 말이 너희 안에 거하면 무엇이든지 원하는 대로 구하라 그리하면 이루리라"(요15:7).

## <u>그리스도 안에서, 유업을 함께 받는다</u>

우리는 그리스도 안에서 모든 것을 유업[1] 으로 받는다. 우리는 그와 함께 보좌에 앉고 그의 모든 풍성함, 곧 미래에 올 모든 것이 우리의 소유가 된다. 그리스도는 자신의 미래를 우리와 연결하셨다. 다시는 우리 없이 아무것도 홀로 소유하시지 않는다. "나는 그리스도의 것이다"라고 말할 수 있다면 "나는 그리스도 안에서 모든 것을 가졌다"라고 덧붙일 수 있다. 그래서 바울은 에베소 성도들을 위해 그리스도가 어떤 분이신지를 보게 해달라고 기도한다. "모든 통치

---

1 (엡 1:11b,18) 11…그 안에서 기업이 되었으니, 18 너희 마음의 눈을 밝히사 그의 부르심의 소망이 무엇이며 성도 안에서 그 기업의 영광의 풍성함이 무엇이며

와 권세와 능력과 주권과 이 세상뿐 아니라 오는 세상에 일컫는 모든 이름 위에 뛰어나게 하시고 또 만물을 그의 발 아래에 복종하게 하시고 그를 만물 위에 교회의 머리로 삼으셨느니라 교회는 그의 몸이니 만물 안에서 만물을 충만하게 하시는 이의 충만함이니라"(엡 1:21-23). 바울은 말한다. "나의 모든 것은 주님의 것입니다." 우리는 유업을 받기 시작했고 이 유업의 말로 다 표현할 수 없는 풍성함은 세세토록 소진되지 않을 것이다.

*All that He has shall be mine*
*All that He is I shall be*
*Robed in His glory divine*
*I shall be even as He*

*주님의 모든 소유가 내 것이 되고*
*그분의 모든 성품을 닮게 되고*
*그분의 영광스러운 옷을 입은 나는*
*심지어 그분과 같게 될 것입니다.*

## 되새기기

- 우리가 그리스도 안에 있다고 말하는데, 그리스도 안에 있다는 것은 무엇을 의미하는가? 이것은 그리스도가 우리를 대표하고 그분이 우리를 지지, 옹호하며 그분의 지위에서 갖게 되는 모든 혜택과 특권을 우리가 누리게 됨을 말한다.

- 그리스도 안에서, 우리의 죄가 심판 받는다.
  "우리가 그리스도 안에서 그의 은혜의 풍성함을 따라 그의 피로 말미암아 속량 곧 죄 사함을 받았으니"(엡 1:7)

- 그리스도 안에서, 의롭다 함을 얻는다.
  "하나님이 죄를 알지도 못하신 이를 우리를 대신하여 죄로 삼으신 것은 우리로 하여금 그 안에서 하나님의 의가 되게 하려 하심이라"(고후 5:21)

- 이것이 "그리스도 안에"라는 표현이 의미하는 바이다. 죄가 지워지고, 의가 주어지며, 심지어 우리도 예수님이 사랑받으신 것처럼 사랑받는 것이다.

- 그리스도 안에서, 하나님의 자녀가 된다.
 "너희가 다 믿음으로 말미암아 그리스도 예수 안에서 하나님의 아들이 되었으니"(갈3:26).

- 그리스도 안에서, 기도응답을 받는다.
 "너희가 내 안에 거하고 내 말이 너희 안에 거하면 무엇이든지 원하는 대로 구하라 그리하면 이루리라"(요15:7).

- 그리스도 안에서, 유업을 함께 받는다.
 "…그 안에서 기업이 되었으니, … 너희 마음의 눈을 밝히사 그의 부르심의 소망이 무엇이며 성도 안에서 그 기업의 영광의 풍성함이 무엇이며"(엡1:11b, 18)

- 주님의 모든 소유가 내 것이 되고, 그분의 모든 성품을 닮게 되고, 그분의 영광스러운 옷을 입은 나는 심지어 그분과 같게 될 것이다.

**4장**

# 우리 안에서 그리스도는

# 4장 _우리 안에서 그리스도는

> "나도 너희 안에 거하리라"(요한 15:4b)

이제 두 번째 개념인 "우리 안에 거하시는 그리스도(Christ in us)"에 대해 이야기해 보려 한다. 우리는 먼 하늘을 우러러 그곳에서 시종 드는 자들에게 둘러싸여 무한한 풍요로움을 누리시며 모든 권세와 주권 위에 좌정하신 그리스도를 본다. 그렇다, 이 전부가 다 우리의 것이다. 그런데 이보다 더 좋은 것이 있다! 저 멀리 보좌의 모든 풍성함을 바라보던 우리는 이제 그리스도를 여기로 내려오시게 해서 우리 마음에 그의 보좌를 세우시고 하나님의 나라를 이루시도록 할 수 있다.

## 하늘에 계시는 그리스도

에베소 교인들에게 보낸 서신을 읽어보면 1장에서 바울 사도는 그들의 눈이 하늘을 우러러 그리스도가 소유한 것을 알게 해달라고 기도하는 것을 보게 된다. 믿음의 렌즈를 눈에 대고 저 구름을 바라보며, 주님이 부활하셔서 하늘로 오르시는 모습을 보라. 그는 무덤에서 나오셨고, 무덤의 속박을 이겨내셨다. 사망과 지옥의 권세를 물리치고 자연의 영역을 뛰어넘어, 천사의 위치보다 더 높은 곳, 우리에게 해를 입히거나 상처를 줄 수 있는 모든 것 위에 계신다. 그래서 믿음의 렌즈를 끼고, 모든 정사와 권세와 능력과 주권과 세상에 일컫는 모든 이름 위에 뛰어나신 주님을 따라가면 결국은 형언할 수 없는 영광에 도취되고, 압도되어 버린다.

## 마음속에 계시는 그리스도

이것이 첫째 비전이고 서신을 좀 더 읽어 내려가면 또 다른 비전을 보게 된다. 바울은 우리가 하늘에 계신 그리스도를 볼 수 있기를 기도했다. 그러나 이제 그는 뭔가 더 높고 웅장한 것을 위해 "우리의 속사람이 능력으로 강건하게" 되기를 기도한다. "바울 사도님, 그것이 무엇인가요? 이보다 더 큰 일이 있을 수 있나요?" "그럼요, 있습니다." 그것은 바로 "믿음으로 말미암아 그리스도께서 너희 마음에 계시게 하고 너희가 사랑 가운데서 뿌리가 박히고 터가 굳어져서 능히 모든 성도와 함께 그 너비와 길이와 높이와 깊이가 어떠함을 깨닫고, 지식에 넘치는 그리스도의 사랑을 알게 되어, 하나님의 모든 충만하신 것으로 너희가 충만하게"(엡 3:17-19) 되는 것이다. 이것은 또 하나의 하나님 나라, 즉 땅으로 내려와서 우리의 마음에 자리잡은 하나님 나라이다. 첫 번째 비전은 저 멀리 높이 계신 그리스도이고, 두 번째 비전은 새 예루살렘처럼 하늘에서 내려와 우리의 가장 깊은 내면에 거하시는 그리스도이다.

## 우리 안에 이루어지는 그리스도의 형상

"나의 자녀들아 너희 속에 그리스도의 형상이 이루어지기까지 다시 너희를 위하여 해산하는 수고를 하노니"(갈 4:19). 이는 갈라디아에 있는 영적 자녀들을 위한 바울의 부르짖음이었다. 이것은 이미 크리스천이 된 사람들을 위한 사도 바울의 기도다. "나의 자녀들"인 여러분은 거듭났지만 그 이상의 무언가가 이루어지기를 위해, 즉 그리스도의 형상이 여러분 안에 형성되기까지 나는 해산의 수고를 하고 있다! 이것은 당신이 새로 태어난 것 그 이상을 의미한다. 새로 태어난 영혼 안에 그리스도가 들어오신 것이다. 믿는 이의 마음에 놓인 보석함이 열리고 그 안에 보석함보다 더 빛나는 또 다른 보화가 드러난다. 이 보화는 그 마음의 중심에 살아 계신 그리스도의 임재이다.

"나의 자녀들아 너희가 태어났으나 더 크신 이가 와서 너희 안에 거하기를 원하노라. 너희 속에 그리스도의 형상이 이루기까지 내가 해산하는 수고를 하노라." 이것은 어떤 성품이 우리 안에 만들어지는 것이 아니라 한 인격체가 우리 안에 거하기 위해 우리 안으로 들어오는 것을 말한다. 그리스도가 우리와 하나가 되어 우리 안에서 다스리시고, 우리는 우리 마음 안에 이루어진 그의 나라에서 이 찬양을 부르게 될 것이다. "한 아들을 우리에게 주신 바 되었는데 그의 어깨에는 정사를 메었고 그의 이름은 기묘자라, 모사라, 전능하신 하나님이라, 영존하시는 아버지라, 평강의 왕이라 할 것임이라. 그 정사와 평강의 더함이 무궁하며…"(사 9:6, 7a). 우리 마음에 태어난 이 어린 생명은 거듭난 생명일 뿐만 아니라 그리스도의 생명, 신성한 생명이다. 혼자 싸우고 고군분투하는 크리스천이 아니라 이 싸움을 주님이 싸우시도록 주님을 마음에 모시는, 이제는 전적으로 하나님이 거하시는 성전이 되어가는 크리스천이다. 그래서 그 무한하신 하나님은 이렇게 말씀하실 수 있다. "내가 그들 가운데 거하며 두루 행하여 나는 그들의 하나님이 되고 그들은 내 백성이 되리라"(고후 6:16b). '그들은 내 백성이 되고 나는 그들의 하나님이 되리라'가 아니다. 먼저 행동하신 분이 하나님이시다. '하나님이 그들의 하나님이 되고 그들은 그의 백성이 되리라'인 것이다.

## 그리스도의 가르침

주님이 우리 안에 거하신다는 진리는 그리스도의 깊이 있는 모든 가르침에서 볼 수 있다. 처음부터 이 가르침을 주시지 않은 이유는 제자들이 준비되지 않아서였다. 요한복음 6장에서 이것에 대해 언급하셨는데 "나는 하늘에서 내려온 살아 있는 떡이니 사람이 이 떡을 먹으면 영생하리라 내가 줄 떡은 곧 세상의 생명을 위한 내 살이니라"(요 6:51)고 예수님이 말씀하시자, 많은 제자들은 "이 말씀은 어렵다", "우리는 그를 이해할 수 없다"고 말하며 떠나갔고 더 이상 그를 따르지 않았다. 그들은 이 말씀이 상식을 벗어나 이성적이지 않다고 생각했다.

요한복음 14장과 15장에서 주님은 이 진리를 다시 한번 보여주신다. "나의 계명을 지키는 자라야 나를 사랑하는 자니 나를 사랑하는 자는 내 아버지께 사랑을 받을 것이요 나도 그를 사랑하여 그에게 나를 나타내리라… 예수께서 대답하여 이르시되 사람이 나를 사랑하면 내 말을 지키리니 내 아버지께서 그를 사랑하실 것이요 우리가 그에게 가서 거처를 그와 함께 하리라"(요 14:21, 23). 그리고 다시 15장에서 말씀하신다. "나는 포도나무요 너희는 가지라 그가 내 안에, 내가 그 안에 거하면 사람이 열매를 많이 맺나니 나를 떠나서는 너희가 아무 것도 할 수 없음이라… 너희가 내 안에 거하고 내 말이 너희 안에 거하면 무엇이든지 원하는 대로 구하라 그리하면 이루리라"(요 15:5, 7). 그리고 또 말씀하시기를 "아버지께서 내 이름으로 보내실 성령 그가 너희에게 모든 것을 가르치고 내가 너희에게 말한 모든 것을 생각나게 하시리라"(요 14:26). 요한복음 17장에서는 "의로우신 아버지, 우리가 하나인 것 같이 그들도 하나가 되게 하옵소서. 아버지께서 내 안에, 내가 그들 안에 있나이다"라고 하시고 "나를 사랑하신 사랑이 그들 안에 있고 나도 그들 안에 있게 하려 함이니이다"라고 덧붙이신다.

그리스도께서 그의 백성을 위해 드리신 기도는 이렇게 끝을 맺는다. "나도 그들 안에 있게 하려 함이니이다." 요한복음 17장은 이 세상에서 가장 숭고한 그리스도의 말씀이다. 그리고 그 마지막 구절이 가장 소중하다, "나도 그들 안에 있게 하려(I in them)." 아, 우리가 주님의 기도가 응답되기를 원한다면 우리는 이 메시지가 의미하는 바를 살아내야 하고 실제로 경험하게 될 때까지 결코 멈춰서는 안된다.

## 서신서들

그 뒤의 모든 서신서에도 주님이 우리 안에 거하신다는 동일한 진리가 반복되는 것을 볼 수 있다. 골로새서 1장에서 바울 사도는 "오래 전부터 감추어졌다가 이제 나타난 비밀"에 대해 말한다. 그는 이 사실에 대해 언급하는 것을 거의 두려워하는 듯하다. 좋은 소식을 전하려는 사람처럼 그는 머뭇거리는데 이것은 매우 감동적이다. 영세 전부터 감추어졌던 이 비밀이 이제 믿는 자들에게 알려지게 된다. "받는 자 외에는 아무도 알지 못하느니라"(계 2:17b)고 했던 이름이 새겨진 흰 돌, '인장 반지'를 주님의 신부에게 주는 것이 마침내 사도 바울에게 허락되었다. 이 비밀은 바로 "너희 안에 계신 그리스도, 영광의 소망"(골1:27)이다. 이 비밀을 받았는가, 깨달았는가? 이것은 새 예루살렘의 영광보다 훨씬 더 찬란하게 빛나는 사파이어 보석과 같다.

바울은 갈라디아서 2장 20절에서 "내가 그리스도와 함께 십자가에 못 박혔나니 그런즉 이제는 내가 사는 것이 아니요 오직 내 안에 그리스도께서 사시는 것이라 이제 내가 육체 가운데 사는 것은 나를 사랑하사 나를 위하여 자기 자신을 버리신 하나님의 아들을 믿는 믿음 안에서 사는 것이라"고 증언한다. 이것이 바로 바울이 자신의 생명을 죽이고 대신 그리스도를 취함으로써 이 보석을 얻은 방법이다.

주님이 밧모섬에 오셔서 요한에게 이렇게 말씀하셨다. "볼지어다 내가 문 밖에 서서 두드리노니 누구든지 내 음성을 듣고 문을 열면 내가 그에게로 들어가 그와 더불어 먹고 그는 나와 더불어 먹으리라"(계 3:20). 이 말씀은 라오디게아 교회, 즉 스스로를 하나님의 교회라고 불렀지만 그들의 마음은 닫혀 있었고, 마음의 보좌에 그들 자신이 앉아 있었던 사람들에게 쓰여졌다. 그들은 "나는 부자라 부요하여 부족한 것이 없다"고 말했다. 예수님은 머리카락이 아침 이슬에 젖은 채 문 밖에서 간청하며 서 계셨다. 친히 문을 두드리고 기다리시며 말씀하셨다. "누구든지 내 음성을 듣고 문을 열면 내가 그에게로 들어가 그로 더불어 먹고 그는 나로 더불어 먹으리라." 이것은 감동적인 장면이 아니라 부끄러워해야 할 장면이다. 이 메시지는 일곱 교회 중 마지막 교회, 현대 기독교의 마지막 교회로 일컫는 오늘날의 교회에 보내졌다. 주님은 문 밖에 서 계시고 교회는 안에서 주님을 밖에 세워 둔 채로 만족하고 있다. 그들이 "나는 부자라 부요하여 부족한 것이 없다"고 말할 때 주님이 말씀하신다. "네가 곤고하고 가련하고 가난하고 눈멀고 벌거벗은 것을 네가 알지 못하느니라"(계3:17).

## 내가 아버지로 말미암아 사는 것 같이

요한복음 5장에 그리스도는 자기 자신의 독립적인 생명은 없고 모든 말과 행동을 하나님 아버지께 끊임없이 의존한다고 말했다. 그리스도의 생명은 그리스도가 이 땅에서 살았던 바로 그 생명이다. 그 자신이 모든 자원을 갖고 있었음에도, "내가 아무 것도 스스로 할 수 없노라 듣는 대로 심판하노니"(요 5:30)라고 말하는 것이 이상하게 들리지 않는가? 우리의 본보기로 이 땅을 사셨던 예수님은 결코 독자적인 자신의 삶을 살려고 하지 않으셨고, 끊임없이 아버지의 생명을 받으셨다. 그분의 존재는 아버지로부터 나왔고 아버지로 말미암아 사셨다. "살아 계신 아버지께서 나를 보내시매 내가 아버지로 말미암아 사는 것 같이 나를 먹는 그 사람도 나로 말미암아 살리라"(요6:57).

   이렇게 그리스도는 여러분과 내가 주님에 의해, 주님을 의존하며, 주님으로 말미암아 살기를 원하신다. 주님은 갈릴리 언덕을 걸었을 때처럼, 위로부터 모든 것을 받는 빈 그릇같이 전적으로 의존하는 삶을 반복하고 계신다. 그래서 주님은 지금 나와 여러분도 주님으로부터 모든 것을 받는 빈 그릇이 되기를 요구하신다. "그 날에", 즉 "진리의 성령이 오시면" 그분이 우리를 가치있게 만들고 아주 순결하게 만들어 줄 무언가를 가져오시고, 우리는 그냥 앉아서 우리 자신의 거룩함을 바라보게 될까? 절대 그렇지 않다. 성령이 우리 마음에 임하시면 이렇게 된다. 그 날에 우리는 예수님이 아버지 안에 있다는 것을 알게 되고 예수님이 어떻게 아버지와 연결되어 그 생명을 아버지께 의존해 오셨는지 이해하게 될 것이다. 그리고 같은 방법으로 예수님에게 의존하는 것을 배울 것이다. "그날에는 내가 아버지 안에, 너희가 내 안에, 내가 너희 안에 있는 것을 너희가 알리라"(요 14:20). 우리 자신이 거룩하고 강하다는 것을 알게 되는 것이 아니라, 주님이 거룩하시고 강하시며 우리의 순결함과 능력이 되어 우리 안에 계심을 알게 된다.

주님은 '영광스러운 일출'과 '거처'라는 두 가지 표현으로 주님과 우리의 연합을 설명하신다. 첫 번째 표현은, "내가 나를 나타내리라"(요 14:21)에서 볼 수 있다. 여기서 '나타내리라'는 단어는 빛을 낸다는 뜻의 헬라어로, 이사야가 "일어나라 빛을 발하라 이는 네 빛이 이르렀고 여호와의 영광이 네 위에 임하였음이니라"(사60:1)고 했던 그 의미를 말한다. 이것이 바로 예수께서 "내가 그에게 나를 나타내리라"고 말씀하신 의미이다. 또 이것은 구약의 마지막 약속을 암시하기도 한다. "그러나 내 이름을 경외하는 너희에게는 의로운 해가 떠올라 치료하는 광선을 발하리니"(말 4:2a).

두 번째 표현은 '거처'이다. "우리가 그에게 가서 거처를 그와 함께 하리라"(요 14:23). 주님은 우리의 영을 자신의 거처로 삼으신다. 한때 슬프고 죄 많던 마음은 이제 그리스도께서 거하시는 왕의 궁전이 되고, 그곳에서 믿는 이들은 그분의 임재의 그늘 아래서 그분과의 교제의 기쁨 가운데 거하게 된다.

*Christ never is so distant from us*
*As even to be near,*
*He dwells within the yielded spirit,*

*And makes our heaven here.*

그리스도는 결코 우리에게서
그렇게 멀리 계시지 않습니다.
오히려 가까이 계십니다.
주님께 드려진 우리의 심령 안에 거하시며,
여기에 하나님 나라를 만드십니다.

## 되새기기

- "믿음으로 말미암아 그리스도께서 너희 마음에 계시게 하고"(엡 3:17a)

- 우리 마음에 태어난 이 어린 생명은 거듭난 생명일 뿐만 아니라 그리스도의 생명, 신성한 생명이다. 혼자 싸우고 고군분투하는 크리스천이 아니라 이 싸움을 주님께서 싸우시도록 주님을 마음에 모시는, 이제는 전적으로 하나님이 거하시는 성전이 되어가는 크리스천이다.

- 그리스도께서 그의 백성을 위해 드리신 기도는 이렇게 끝을 맺는다. "나도 그들 안에 있게 하려 함이니이다."(요17:26b) 아, 우리가 주님의 기도가 응답되기를 원한다면 우리는 이 메시지가 의미하는 바를 살아내야 하고 실제로 경험하게 될 때까지 결코 멈춰서는 안된다.

- "오래 전부터 감취었다가 이제 나타난 비밀"에 대해 말한다. … 영세 전부터 감추어졌던 이 비밀이 이제 믿는 자들에게 알

려지게 된다. … 이 비밀은 바로 "너희 안에 계신 그리스도, 영광의 소망"(골1:27)인 것이다.

• "살아 계신 아버지께서 나를 보내시매 내가 아버지로 말미암아 사는 것 같이 나를 먹는 그 사람도 나로 말미암아 살리라"(요6:57).

• 성령이 우리 마음에 임하시면 이렇게 된다. 그 날에 우리는 예수님이 아버지 안에 있다는 것을 알게 되고 예수님이 어떻게 아버지와 연결되어 그 생명을 아버지께 의존해 왔는지 이해하게 될 것이다. 그리고 같은 방법으로 예수님에게 의존하는 것을 배울 것이다. "그날에는 내가 아버지 안에, 너희가 내 안에, 내가 너희 안에 있는 것을 너희가 알리라"(요 14:20).

• 그리스도는 결코 우리에게서 그렇게 멀리 계시지 않는다. 오히려 가까이 계신다. 주님께 드려진 우리의 심령 안에 거하시며, 여기에 하나님 나라를 만드신다.

**5장**

이 생명의 시작은

# 5장 _이 생명의 시작은

> "주여 어찌하여 자기를 우리에게는 나타내시고 세상에는 아니하려 하시나이까"(요 14:22).

주님은 어떻게 세상에는 자신을 나타내시지 않으면서 우리에게는 나타내시는가? 먼저 주님은 우리를 주님이 거하시는 자리로 데려가신다. 우리가 혼자 그곳에 오르도록 내버려두지 않으신다. 주님은 저 멀리에 궁궐을 지어 놓고 "만약 네가 이 궁궐로 올 수 있다면 이곳은 축복의 장소가 될 텐데"라고 말씀하시는 것이 아니라, 바로 우리 마음 안에 있는 궁궐, 주님의 거처로 우리를 데려가신다.

존 번연(John Bunyan)은 하나님이 자신의 죄를 확실히 깨닫게 해 주시고 그에게 오셨을 때, 거룩한 형제와 자매들이 주님의 빛 가운데 함께 노래하는 아름다운 축복의 처소를

환상으로 보았다. 그러나 자신은 그 처소 밖에 있었고 그 안으로 들어갈 수 없었다. 그들과 자기 사이에 바위 장벽이 세워져 있는 것 같았다. 그는 거기에 있는 사람들이 얼마나 행복한지, 그 광경이 얼마나 밝은지, 또 그들이 얼마나 참된 기쁨을 누리고 있는지 보았다. 그러나 자신은 어둠과 추위 속에서 밖에 서 있었다. 어떤 사람들에게는 이렇게 보여지는 것 같다. "안식과 승리를 누리는 삶, 고난의 중압감에 짓눌리지 않는 삶, 죄의 커다란 소용돌이에 빠져들지 않은 삶, 우리를 축복하시고 우리를 통해 다른 사람들을 축복하시는 그리스도가 이끄시는 삶을 사는 것은 참 멋진 일이다. 하지만 우리가 이런 삶을 산다는 건 불가능하다."

나는 한 모임에서 어떤 선한 청년이 일어나서 사람들이 그리스도를 받아들이기만 한다면 그리스도께서 그들을 위해 어떤 일들을 하실지 말했던 것을 기억한다. 그 청년은 "하지만 여러분은 준비되어 있어야 하고 먼저 정결케 되어야 합니다. 그렇지 않으면 그리스도는 오시지 않을 것입니다"라고 말했다. 나는 사람들이 의기소침해지는 것을 보았고, 그들의 표정은 "도대체 어떻게 정결케 될 수 있다는 거야?"라고 묻는 것 같았다. 나는 "사랑하는 여러분, 바로 그 정결함을 그리스도께서 여러분에게 친히 주시려는 것입니다"라고 말하고 싶었다.

## 그리스도, 우리의 거룩함

 우리 스스로 우리의 거룩함을 쌓고 그리스도께서 이에 대한 상급을 주신다는 것은 그리스도의 가르침이 아니다. 그리스도 자신이 우리의 거룩함이다. 그리스도가 자신의 거룩함을 가지고 우리 마음에 오셔서 영원히 거하신다.

 뉴욕시 북부에는 가난한 사람들이 많이 모여 살았는데 그곳 공터에 있는 낡은 판잣집들을 가끔 수리해 살곤 했다. 청소부로 일하는 한 여자는 돈을 들여 자기의 판잣집을 청소하고 벽을 하얗게 칠하고는 멋져 보이게 만들었다고 생각했을지도 모른다. 하지만 백만장자가 그 부지를 구입했을 때, 그는 그 낡은 판자집을 수리하지 않았다. 다 허물고 그 자리에 대저택을 지었다.

 우리에게 필요한 것은 집을 고치는 것이 아니다. 그리스도께 공터를 드리면 주님은 우리의 이전 집을 다 파내고 더 가치 있는 집을 지으시고, 그 집에서 영원히 거하실 것이다. 그리스도 자신이 축복이실 뿐 아니라 그 축복을 준비하는 분이시기도 해야 한다. 이것은 마치 위대한 앗시리아 왕이 행차했던 때와 같다. 왕은 백성들에게 길을 만들라고 명령하지 않고 자기 부하들을 보내서 나무를 베어내고 무너진 곳을 메우고 산을 깎아서 길을 만들게 했다. 그리스도께서도 우리 안에서 그렇게 일하실 것이다. 우리가 그분을 다시 오실 왕, 믿음의 주요 또 온전하게 하시는 이로 받아들이기만 하면 말이다.

## 우리 자아의 죽음

한번은 어떤 자매가 그리스도께서 "나는 너의 죽음이 될 것이고 그 후에 나는 너의 생명이 될 것이다"라고 그녀에게 말씀하셨다고 했다. 자아를 죽이려고 노력하지 말라. 그리스도의 십자가의 죽음을 당신의 죽음으로 받아들이라. 삶이 뿌리채 뽑히고, 버림받고, 십자가에 못 박히는 일을 그리스도께서 온전히 감당하시고 완성하실 것이다. 우리의 영적 시체를 자세히 살펴보기 위해, 또는 자신을 죽여보려고 칼을 들고 떨며 해부실에 서 있을 필요가 없다. 이런 모든 고문을 끝내라. 그리스도가 당신의 자아를 죽일 수 있음을 믿으라. 자신을 그리스도께 맡기고 이렇게 말하라. "주님, 여기 죄인이 있습니다. 제 자신을 당신께 드립니다. 저는 제 자아를 죽일 수 없지만 이 자아가 죽으면 좋겠습니다. 열정으로 박동치는 이 맥박을 주님이 멈추게 해 주시고, 그 대신 평안을 가져다 주시기를 바랍니다. 저는 이것을 할 수 없습니다. 하지만 저는 당신의 방법대로 저를 죽일 권리를 당신에게 드리며, 이제부터 영원히 제 자신을 당신께 바칩니다."

## 우리의 생명과 순결

그리스도는 우리의 자아를 죽게 하고 옛 사람을 부인하는 능력이 되실 뿐 아니라 성령과 은혜로 우리 안에서 순결하고 활력 있는 새 생명이 되신다. 주님은 우리를 정결케 하시고 그분의 생명을 우리에게 나누어 주신다. 그리고 이 생명은 우리에게 속하지 않은 것이란 느낌이 들 것이다. 우리는 그리스도를 영접할 때 우리 자신의 선함 덕분이라며 교만해지지 않고, 먼지 구덩이에 엎드려 "나는 단지 죄인 중의 괴수일 뿐입니다"라고 말하고 싶을 것이다. 하지만 동시에 순결함의 축복이 우리 존재의 모든 통로에 흐르고 있음을 인지하게 된다. 유혹이 올 때 성령의 복된 도우심으로 주님이 이에 대응하신다. 그러면 우리는 유혹을 이겨내게 된다. 긍정적인 것이 부정적인 것을 파괴한다. 하늘이 땅과 악을 물리친다.

이것은 마치 무더운 여름날 갑자기 시원한 소나기가 내리면 잠시 후 모든 것이 깨끗해지고 정결케 되는 것과 같다. 잔디는 신선하고 푸르고, 꽃들은 아름답게 반짝이며 고개를 든다. 공기는 생명으로 가득 차 있고, 자연의 신선한 향기를 만끽하게 된다. 지치고 죄로 물든 마음을 새롭게 하기 위해 그리스도의 영이 올 때도 마찬가지다. 주님의 임재는 영혼 위에 떨어져 흙먼지를 깨끗이 씻어내는 소나기와 같고, 시냇가의 조약돌을 깨끗하게 유지하는 쉼 없이 흐르는 시냇물과 같다.

## 우리의 평안

다시 말하지만 주님은 우리의 죽음과 생명이실 뿐 아니라 우리의 평안이 되신다. 여러분은 복음서에서 이에 대해 많이 읽었을 것이다. "나의 평안을 너희에게 주노니 너희는 마음에 근심하지도 말고 두려워하지도 말라"(요14:27b). 평안은 우리의 내면에 있는 그리스도의 생명의 주된 특징 중 하나다. 심적 혼란과 동요가 잠잠해지고, 우리 스스로 평정심을 갖게 되어, 아니 그리스도로 인해 평정심을 갖게 되어 평온함과 견고함, 그리고 쉼을 경험하게 된다. 그리스도를 믿는 자에게는 삶을 휩쓸고 가는 폭풍 대신 놀라울 정도의 고요함이 찾아 온다. 삶의 깊은 곳에서 "모든 지각에 뛰어난 하나님의 평강이 그리스도로 말미암아 마음과 생각을 지키시리라"(빌4:7)는 것을 알게 된다. 비록 밖에는 소란과 환난이 있을지라도, 그리스도께서 우리 마음의 깊은 곳에 오셔서 이렇게 속삭이신다. "이것을 너희에게 이름은 너희로 내 안에서 평안을 누리게 하려 함이라. 세상에서는 너희가 환난을 당하나 담대하라 내가 세상을 이기었노라"(요 16:33).

## 우리의 기쁨

우리 안에 거하시는 그리스도는 평안뿐 아니라 우리의 기쁨이 되신다. "내 기쁨이 너희 안에 있어 너희 기쁨을 충만하게 하려 함이라"(요15:11). 스바냐는 이 생각에 사로잡혀 말했다. "너의 하나님 여호와가 너의 가운데에 계시니 그는 구원을 베푸실 전능자이시라 그가 너로 말미암아 기쁨을 이기지 못하시며 너를 잠잠히 사랑하시며 너로 말미암아 즐거이 부르며 기뻐하시리라 하리라"(스바냐 3:17). 가끔 주님은 사랑 안에서 잠잠히 계신다. 기쁨의 물결이 너무나 잔잔하고 조용해서 사람들로 하여금 그 고요함을 깨뜨릴까 작은 움직임조차 주저하게 만드신다. 그리고 어떤 때는 아주 큰 기쁨의 파도가 온 몸을 휘감게도 하신다. 쉼이 있는 잔잔한 기쁨과 넘쳐나는 기쁨을 번갈아 주신다.

평안이 늘 함께하는 것이라면, 기쁨은 가끔 있는 것이다.

이 땅에서의 시련을 극복해야 할 때 이 기쁨의 샘물이 넘친다. 그래서 바울과 실라가 감옥에서 채찍에 맞아 뼛속까지 쑤시고 아팠을 때 주님이 그들에게 찾아오셨다. 그들은 그 감격을 감출 수 없었고 기뻐 찬양했다. 안디옥 사람들이 그들을 도시 밖으로 쫓아냈을 때에도 "제자들은 기쁨과 성령이 충만"했다(행13:52). 이 기쁨은 서서히 타는 불길에 죽어가는 순교자들이 "우리는 불길을 느끼지 않습니다. 기쁨이 너무나 큽니다. 기쁨이 우리 존재를 채우고 고통을 몰아냅니다"라고 박해자들을 향해 말할 수 있게 했다. 십자가를 지시기 전날 밤, 자신이 당할 고난을 마주하고도 돌아서서 제자들을 위로하시며 "너희는 마음에 근심하지 말라"고 말씀하신 분이 주님이셨다.

    우리 안에 계신 그리스도는 우리의 믿음이 되신다. 우리는 "이제 내가 사는 것은 하나님의 아들을 믿는 믿음 안에서 산다"라고 말할 수 있게 된다. 이 믿음이 우리에게 있을 때 하나님을 믿는 것은 자연스러운 일이 된다. 우리는 초자연적인 믿음을 깨닫게 될 것이고, 우리가 믿음을 갖기 위해 애쓰는 것이 아니라 단지 "하나님을 믿는 믿음을 가지라"는 그분의 부르심에 응답하는 것임을 알게 된다.

## 우리의 사랑

다시 말하지만, 하나님의 사랑이 우리의 마음에 부어진다. 우리의 마음으로부터 생겨난 사랑이 아니라 하나님의 사랑이다. 그리스도께서 우리 안에 계시다면 우리는 그리스도를 향한 신성한 사랑을 알게 되고 이것이 우리 각자의 사랑이 아니라 주님의 사랑임을 알게 될 것이다. 그리고 우리는 모든 사람을 새로운 애정과 우정으로, 오직 주님 안에서 주님을 위해, 사랑하게 될 것이다.

## <u>우리의 지혜</u>

만일 우리에게 '내주하시는 그리스도'가 계시다면 그분은 우리의 지혜가 되신다. 그분은 어떤 방법으로든 우리의 생각에 영향을 주실 것이다. 그분은 우리에게 진리에 대한 새로운 개념도 주실 것이다. 우리는 해야 할 일과 하지 말아야 할 일에 대한 그분의 뜻을 알게 될 텐데, 모든 면에서 우리의 본성과 완벽하게 조화를 이루고, 그분이 우리에게 주신 능력과도 잘 섞여서, 이 생각과 결정이 마치 우리 자신의 것처럼 여겨질 것이다.

## <u>우리의 능력</u>

주님은 우리 안에서 하나님의 능력이 되신다. "나도 내 속에서 능력으로 역사하시는 이의 역사를 따라 수고하며 힘을 다하여"(골1:29)라고 바울은 말했다. 그러므로 우리가 일하는 것은 우리가 하는 것이 아니라 그리스도께서 우리로 하여금 할 수 있게 하시는 것이고, 다른 사람들을 위해 또 하나님의 나라가 효과적으로 세워져 나가기 위해 그분의 능력을 우리에게 주시는 것이다. 우리가 연약한 여자이거나 충분한 교육을 받지 못한 남자일지라도, "나는 하나님의 능력으로 말한다"는 확신을 갖게 되고, 또 하나님의 말씀이 하나님께 헛되이 돌아가지 않음을 알게 될 것이다. 그리스도의 능력으로 일하고 말하고 기도하는 것은 축복이다. 하지만 그리스도의 능력 없이 이것들을 시도해 보는 것은 흉내내는 것에 불과하고 결국은 웃음거리가 되고 헛되기 그지없다. 그리스도는 우리의 능력이 되신다. "하늘과 땅의 모든 권세를 내게 주셨으니…"(마28:18b) "볼찌어다 내가 항상 너희와 함께 있느니라…"(마28:20b).

## <u>우리의 기도</u>

우리 안에 계신 그리스도는 우리의 기도의 주체가 되신다. 주님은 우리 안에서 중보하신다. 때로는 주님이 겟세마

네 동산에서 하셨던 것과 같은 신음과 눈물의 기도도 있겠지만, 우리의 기도는 그분의 이름으로 모든 것을 구하는 효과적인 기도가 된다.

## <u>우리의 찬양</u>

그리스도는 우리의 기도일 뿐만 아니라 우리의 찬양이 되신다. 청원을 드린 후에 우리 마음을 감사함으로 채워주셔서 받을 응답에 대해 하나님을 송축할 수 있게 해 주신다.

## <u>우리의 건강</u>

그리스도가 우리 마음에 계시면 그분은 우리의 육체적인 힘과 생명이 되신다. 그분은 우리의 모든 신체 기능에 힘을 주시고, 예수님의 생명이 우리의 죽을 몸에도 드러나고 있음을 깨닫게 해주신다.

## <u>우리의 인내</u>

그리스도가 우리 안에 계실 때 그분은 우리의 인내가 되신다. 고난은 그리스도의 삶의 일부였다. 그러니 우리 삶에도 주님과 함께 고난을 겪는 일들이 많이 있을 것이다. 믿는 자의 삶에도 갈보리 산 위의 십자가는 놓여 있고, 우리는 기쁘게 이 십자가를 주님과 함께 짊어지는 것이다. 불필요한 고난이나 원수들의 웃음거리가 되는 수치스러운 고난이 아니라, 냉수 한 그릇을 다른 사람에게 주기 위해서, 무거운 짐진 자를 돕기 위해서, 무너져 내릴 상황에 처한 이들이 견딜 수 있도록 돕기 위해서 겪는 고난 말이다. 이것은 세상에서 고통받는 이들을 위해 그리스도께서 무거운 짐을 지시는 일에 동참하는 것이다. 주님도 겪으신 것처럼, 대적하는 사람들과 마귀들로부터 고난이 올 때, 주님은 우리로 하여금 넉넉히 이길 수 있게 하실 것이다.

## 어떻게 이런 삶을 시작할 수 있을까

스코틀랜드에 있을 때 나는 스털링 시에 있는 오래된 공동묘지를 방문했다. 회색의 한 묘비를 봤을 때, 오랜 세월을 거슬러 17세기 스코틀랜드의 언약자들[1]의 일화가 떠올랐다. 그 묘비는 마가렛 윌슨의 묘비였다. 그 묘비는 한 사랑스러운 어린 성도, 십대 소녀가 아버지와 어머니, 그리고 친구들의 간청에도 불구하고 어떻게 예수님에 대한 사랑을 끝

---
1  http://www.covernanter.org.uk

까지 지키다 죽음에까지 이르렀는지 말해 주었다. "한 마디만, 마가렛, 한 마디만 하면 너의 생명을 구할 수 있어!" 그들은 부탁했다. 그 소녀의 응답은 "예수님을 욕되게 하는 말을 할 수 없어요"였다. "아버지의 슬픔을 기억해다오." 아버지는 그 소녀가 죽기 전날 밤 애원했다. 그 소녀는 아버지의 백발을 쓰다듬으며 말했다. "아버지가 원하는 걸 저는 할 수 없어요."

다음날 아침 무례하고 잔인한 사람들은, 그 소녀를 밖으로 끌어내어 말뚝에 묶어 바다에 던졌다. 그리고 그들은 또 다른 나이 든 여인을 묶어서 파도가 일렁이는 조금 더 먼 바다로 내보냈다. 마가렛 윌슨이 그녀의 죽어가는 모습을 먼저 보게 하려고 말이다. "마가렛 윌슨, 저 여자의 고통이 보이지? 이제 너의 믿음을 부인하는게 어때?" 그녀는 "아니요, 나에게는 그녀가 보이지 않습니다. 단지 저기 고통 속에 씨름하는 주님의 종 안에 계신 예수님을 볼 뿐입니다"라고 답했다. 그리고 잠시 후 주님의 병거가 모든 것을 이겨낸 그녀의 영을 영원한 집으로 데려가기 위해 기다리고 있었다.

이것이 우리의 외침이다. "저기서 고통받는 주님의 한 지체 안에 계신 그리스도!" "나 말고 그리스도!" 이렇게 우리는 이길 수 있다. 이렇게 살 수 있고 이렇게 고난을 받을 수 있다. 믿는 자들은 "주님을 통하여 넉넉히 이길 수 있다."

## <u>우리의 의지</u>

그리스도께서 이처럼 우리 안에 계시다면 그분은 우리 존재의 중심, 즉 우리의 의지 안에 계신다. 바로 여기서 우리의 인격이 결정된다. 그리스도께서는 우리가 더 이상 고집 부리지 않을 때까지 우리의 의지를 붙잡아 그 고집을 굽히게 하신다. 우리의 의지가 주님의 뜻을 따르고 주님이 선택하시는 것을 선택하도록 만드신다. 흔쾌히 자발적으로 말이다. 나는 어렸을 때 내가 타는 썰매의 날을 만들곤 했는데 항상 쉽게 부러졌다. 그러던 어느 날 한 목수 아저씨가 썰매날을 만드는 더 좋은 방법을 보여주었다. 썰매날을 증기 보일러에 넣었더니 쉽게 휘어지는 것이었다.

그리스도께서는 우리의 의지를 부러뜨리기를 원하시는 게 아니라, 우리가 그분의 기쁘신 뜻을 위해 우리 마음 안에 소원을 갖고 행할 수 있도록 하신다. 주님은 우리의 의지를 그리스도의 사랑의 화로 속에 넣어서 바꾸시고, 그런 다음 강하게 만드신다. 목수 아저씨는 썰매날이 휘어졌을 때 다시 펴지지 않도록 단단하게 고정하는 방법도 보여주었다. 이처럼 그리스도께서도 우리의 의지를 굳건하게 하실 수 있다.

## 되새기기

- 우리 스스로 우리의 거룩함을 쌓고 그리스도께서 이에 대한 상급을 주신다는 것은 그리스도의 가르침이 아니다. 그리스도 자신이 우리의 거룩함이다. 그리스도가 자신의 거룩함을 가지고 우리 마음에 오셔서 영원히 거하신다.

- 그리스도가 당신의 자아를 죽일 수 있음을 믿으라. 자신을 그리스도께 맡기고 이렇게 말하라. "주님, … 저는 제 자아를 죽일 수 없지만 이 자아가 죽으면 좋겠습니다. … 저는 당신의 방법대로 저를 죽일 권리를 당신에게 드리며, 이제부터 영원히 제 자신을 당신께 바칩니다."

- **평안**은 우리의 내면에 있는 그리스도의 생명의 주된 특징 중 하나다.

- 그분은 어떤 방법으로든 우리의 생각에 영향을 주실 것이다. … 모든 면에서 우리의 본성과 완벽하게 조화를 이루고, 그분이 우리에게 주신 능력과도 잘 섞여서, 이 생각과 충동이 마치

우리 자신의 것처럼 여겨질 것이다.

- 나 말고 그리스도!

- 그리스도께서는 우리의 의지를 부러뜨리기를 원하시는 게 아니라, 우리가 그분의 기쁘신 뜻을 위해 우리 마음 안에 소원을 갖고 행할 수 있도록 하신다.

**6장**

## 그리스도 안에 거하려면, 실제로

# 6장. 그리스도 안에 거하려면, 실제로

> "자녀들아 이제 그의 안에 거하라 이는 주께서 나타내신 바 되면 그가 강림하실 때에 우리로 담대함을 얻어 그 앞에서 부끄럽지 않게 하려 함이라"(요일 2:28).

　이 구절은 '자녀들아'라는 표현 때문에 사도 요한이 오직 어린아이들만 주님 안에 거할 수 있다고 말한 것처럼 보인다. 우리 자신을 어린아이들 같은 작은 존재로 여길 때에만 주님의 충만함을 알 수 있다는 의미인 것 같다. 우리가 성인 남녀로 자신의 힘만으로 살아가는 것을 멈추고, 주님을 의지하며 살아갈 때 비로소 우리는 그분의 힘을 우리 삶의 버팀목으로 경험하게 되고 그분 안에 거할 수 있게 된다. 이 서신에서 수신인을 자녀들이라 부르며 '우리'라고 표현한 걸 보면 사도 요한은 자신도 어린아이로 여긴 것 같다. '우뢰의 아들'이라고 불렸던 자신의 옛사람이 죽은 때로부터 그는 영적으로 진정한 어린아이가 되었다. 요한은 예수님의 가슴에 머리를 기댄 모습으로 이제는 스스로 강하지 않고, 안아주시는 예수님의 품에서 벗어나지 않는 자신을 보여주었다.

우리는 우리 안에 거하신 그리스도의 영광을 보았다. 우리가 그리스도 안에 거한다는 것과 그리스도가 우리 안에 거한다는 것이 무엇을 의미하는지 앞에서 살펴보았는데 이제 이 개념들이 어떻게 실제적인 것이 될 수 있는지 알기 원한다. 요한은 "자녀들아 그의 안에 거하라 이는 그가 나타나실 때에 우리가 담대함을 가지게 하려 함이라"고 말한다.

믿는 자들이 어떻게 주님 안에 거하는 삶을 계속 유지해 나갈 수 있을까? 우리는 주님께 삶을 드렸고 우리의 힘과 의지를 포기했다. 이제부터는 주님이 우리의 삶을 지탱해 주실 것에 동의했다. 우리가 진정한 신부처럼 우리 자신의 인격과 명성과 독립성을 포기할 때, 주님은 우리의 주인이 되신다. 우리의 생명 자체가 그분 안에 합쳐지고 그분이 우리를 대표하시며 계속해서 모든 면에서 우리의 전부가 되신다. 어떻게 이런 삶을 계속해서 살아갈 수 있을까? 우리가 주님 안에 거해야 하며 어떤 의미에선 우리가 주님 안에 거하는 만큼 주님도 우리 안에 거하실 것이라고 말씀하신다. "내 안에 거하라 나도 너희 안에 거하리라."(요한15:4a)

## 한 순간 한 순간 살기

첫째, 주님 안에 거하는 삶은 순간순간을 살아가는 것이어야 한다. 이 삶은 자체의 관성으로 계속 흐르는 물줄기 같은 것이 아니라, 순간순간의 작은 행동들과 습관들로 이어져 간다. 지금 이 순간 주님이 우리 안에 계시고 우리는 온전히 주님이 계심을 느낀다. 우리는 지금 이 순간에 온전하게 구원받았고 지금 이 순간에 승리를 누리고 있다. 지금 우리가 누리는 충만함은 이 순간을 채우고 넘쳐 바로 다음 순간에도 누릴 수 있다. 이렇게 우리가 매 순간 주님과의 교제를 새롭게 해 나간다면 우리는 항상 그분 안에 거하게 될 것이다. 이해가 되는가? 우리 삶에서 실패는 대부분 잠깐 긴장을 푼 순간이나 끊어진 실밥과 같이 아주 작은 틈새를 통해 생기게 된다. 마치 물방울을 한 방울씩 떨어뜨리다가 나중에는 급류가 되게 하는 바위의 갈라진 틈새처럼 말이다. 그러나 매 순간을 놓치지 않고 승리해 나가면 우리는 늘 승리하는 삶을 누리게 될 것이다.

그리고 이 비밀을 먼저 알아야 한다. 당신이 완전히 성화되어서 더 이상 주님의 은혜와 승리가 필요하지 않은 상태에 이르는 일은 없을 거라는 사실 말이다. 하지만 당신은 지금 이 순간과 또 바로 다음 순간을 위한 은혜를 누리고 있으며, 인생이 끝날 때쯤에는 하나님의 은혜의 바다 전체를 누릴 수 있게 될 것이다. 처음엔 아주 작은 시냇물일 수 있다. 하지만 매 순간 그 은혜를 따라 흘러가게 되면, 머지 않아 끝없는 은혜의 바다에 이를 것이다.

## 의지가 담긴 확실한 행동

둘째, 주님 안에 거하는 것은 확고한 의지와 그리스도에 대한 참되고 견고하며 흔들림 없는 신뢰를 바탕으로 한 행동들을 지속함으로써 이루어진다. 주님 안에 거하는 것은 우리가 원하든 원하지 않든 즉흥적이고 저항할 수 없는 어떤 충동으로부터 생기는 것이 아니라, 믿음의 행동으로 시작하여 이런 행동이 습관이 될 때까지 반복해야 이루어진다. 이것을 깨닫는 것이 매우 중요하다.

대부분 사람들은 은혜를 받으면 더 이상의 노력 없이도 은혜로 인해 주님 안에 계속 거하게 된다고 생각한다. 그렇지 않다. 의지가 담긴 행동과 선택이 영적인 삶의 방향키이다. 우리는 예수님을 실제로 우리의 구원자로 선택함으로 죄로부터 구원받고, 삶의 모든 영역에서 확실하게 우리 자신을 내려놓고 그리스도를 주로 모심으로 성화되어 간다.

그러므로 우리는 이런 삶의 방향을 고정하고 매 순간 계속해서 그리스도를 신뢰하고 그분이 이끄시는 삶을 살기로 선택하는 노력에 힘써야 한다. 마침내 이 선택이 숨쉬는 것처럼 자연스럽게 될 때까지 말이다. 그것은 물에 빠졌다가 구출된 사람과 같다. 물에 빠진 사람을 건져내면, 처음에는 호흡이 멈춘 것 같다. 그 사람의 호흡이 돌아오는 것은 저절로 되는 것이 아니라 거의 30분 동안 계속되는 힘겨운 인공호흡을 통해서이다. 인공 호흡으로 공기를 들이마시고 내쉬고를 반복한 후에야 몸이 인위적인 호흡을 감지하고 자발적인 호흡을 시작하게 된다. 그러고 나면 곧 힘들이지 않고 숨을 쉴 수 있게 된다.

이렇게 처음에는 확고한 노력으로 호흡하게 되지만, 차츰 자발적으로 호흡하게 된다. 그리스도 안에 거하는 것도 마찬가지다. 그분 안에 자발적으로 거하려면 이것이 영적인 습관이 되어야 한다. 선지자는 마음이 "하나님께 머물렀다"고 말하고 다윗은 "내 마음이 주를 의지하기로 확정되었으니"라고 말한다. 결심하는 것으로 시작하고, 어떤 대가를 치르더라도 그분께 순종한다. 이렇게 점점 습관이 되어가는 것이다.

## 습관의 법칙

그 다음 세 번째 원칙이 습관이다. 모든 습관은 작은 행동을 계속하는 데서 비롯된다. 우리 생활 속에 처음부터 몸에 베어 있는 습관은 없다. 이것은 한 입의 음식이 우리 몸에 흡수되는 것처럼, 나무의 뿌리처럼, 피부의 섬유 조직처럼 자라간다. 한 사람이 인생의 어떤 길을 꾸준히 걸어갈 때, 그 길은 오랜 세월의 습관에 의해 정해졌을 가능성이 크다. 속기사는 단어를 말하는 즉시 기록한다. 처음에는 서툴고 느린 작업이었을 것이다. 그러나 나중에 이것이 습관이 되면, 속기사는 키보드에 자음/모음이 어디에 있는지 찾느라 머뭇거릴 필요가 없다. 말이 입술에서 나오듯 자연스럽게 써 내려갈 수 있다. 서명을 하는 것도 마찬가지다. 우리는 처음에 펜을 잡고 글자를 그려나가듯 썼던 것이 얼마나 힘들었는지 기억한다. 하지만 이제는 막 휘갈겨 서명을 해도 늘 똑같아서 친구들도, 은행 직원들도 그것이 우리의 것임을 식별할 수 있을 정도다. 어떻게 이렇게 된 걸까? 수년 동안 우리는 같은 서명을 해왔기 때문이다. 사랑하는 여러분, 이것이 무언가가 힘들어도 계속해 나갈 때 도움이 되는 이유이다. 습관은 결국 삶에서 없어서는 안 될 부분이 되고 시간이 가면서 더 쉬워진다.

악에 관해서도 마찬가지다. 타협하면 할수록 더 쉽게 타협하게 된다. 이런 상황에서 선을 선택하는 것도 마찬가지다. 눈의 움직임과 같은 원리다. 눈꺼풀은 본능적으로 작동하는데, 성경에서는 "나를 눈동자같이 지키시고"와 같은 말씀처럼 하나님의 돌보심의 상징으로 쓰였다. 티끌이 눈을 아프게 하기 전에 작은 눈꺼풀이 연약한 눈동자를 덮는다. 마찬가지로 우리가 뭔가 말하고 싶을 때 본능적으로 그 말을 참는 자신을 발견하게 된다. 이렇게 우리는 악이 다가오기 전에 악의 냄새를 분별하는 법을 배우고 위험이 도달하기 전에 하늘을 향해 말할 수 없는 탄식으로 기도 드리는 것을 배운다. 순종의 습관이 형성되는 것도 마찬가지다. 주님이 우리에게 하라고 하신 일을 꾸준히, 끈기있게, 신실하게 실천함으로 얻어진다. 주님은 그 습관이 확고해지고, 순종하는 것이 쉽고 자연스러워질 때까지, 작은 시련들을 통해서 계속 우리를 훈련시키신다.

## 자기 억제

다시 말하지만, 우리가 그리스도 안에 거하려면 우리 자신을 신뢰할 수 없음을 계속해서 배워가야 한다. 주님의 충만함을 가장 효과적으로 누리기 위해서 자기 억제보다 더 필요한 요건은 없다. 긴급 상황이 되면, 자기 주장이 얼마나 빨리 튀어나오는지 보게 된다. 베드로가 적을 상대할 수 있을지 없을지 생각하기도 전에 검을 뽑고 나서는 것이 얼마나 쉬웠는지 우리는 보았다. 갑작스러운 충동으로 한 행동 때문에 몇 주 동안 후회할 수도 있다. 우리는 충동 대신 주님을 택해야 한다. 우리가 주님을 방해하지 않을 때에만 주님이 우리를 사용하실 수 있다.

그러므로 사랑하는 여러분, 우리가 모든 상황에서 주님을 바라보고 "주님, 당신의 뜻이 무엇입니까? 이에 대한 당신의 생각은 무엇입니까?"라고 물어 볼 때까지 우리 자신을 억제하고 우리의 의지를 내려놓는 연습을 하자. 우리가 이렇게 할 때, 우리의 뜻과 주님의 뜻이 어긋나지 않고 은혜로운 조화를 이루게 될 것이다. 이렇게 그리스도 안에 거하는 사람들은 말을 삼가고 침착하게 행동하는 습관을 갖는다. 그들은 생각없이 말하는 사람이 아니다. 모든 것에 대한 의견을 항상 갖고 있지 않을 수도 있고, 무엇을 해야 할지 잘 모를 때도 있을 것이다. 하지만 그들은 경솔한 판단을 자제하고 하나님과 조용히 동행할 것이다. 완고하고 충동적인 영은 우리가 주님의 말씀을 듣고 따르는 것에 방해가 된다.

## <u>항상 의지하기</u>

우리가 그리스도 안에 거하려면 그리스도께서 우리 삶의

긴급 상황뿐 아니라 삶의 전부를 담당해 오셨음을 기억해야 한다. 그리고 우리는 주님을 항상 의지하는 습관을 길러야 한다. 어디에서나 주님께 기대고 그분을 찾자. 주님이 우리 인생을 맡으셨음을 인정하자. 주님 뜻대로 하시도록 맡기면 인생에 어려움이 없는 것이 아니라 주님이 우리가 겪는 모든 어려움을 이겨내도록 하신다. 그러니 오직 주님을 신뢰하자.

## __주님의 임재 인식하기__

다시 말하지만, 그리스도 안에 거하려면 우리 마음의 중심에 항상 주님이 가까이 계시다는 것을 인식하는 습관을 길러야 한다. 저 멀리 하늘까지 손을 뻗어 그분이 어디로 가셨는지 궁금해하며 그분을 찾으려 애쓸 필요가 없다. 주님은 바로 여기에 계신다. 주님의 보좌는 바로 우리 마음에 있다. 주님이 사용하실 자원은 가까이에 있다. 하나님의 임재를 느끼지 못할 수도 있지만 성령이 우리 마음에 계시다는 사실을 받아들이고 이에 따라 행동하라. 삶의 모든 것을 가지고 주님께 나아가라. 그러면 곧 주님의 임재를 자각하는 것이 실제가 되고 기쁨이 된다. 느낌으로 시작하지 말고 마치 주님이 여기에 계신 것처럼 행동함으로 시작하라. 그리스도 안에 거하려면 주님이 우리 안에 계시고 우리가 주님 안에 있는 것으로 여기고 그분을 대하라. 그러면 주님은 우리의 믿음에 응답하시고 우리의 신뢰를 존중하신다.

## 어떤 상황에도 함께 하시는 하나님

그리스도 안에 거한다는 것은 우리 삶에 일어나는 모든 상황 속에 그리스도가 함께하시고 주님의 섭리 가운데 일어나는 모든 일이 어떤 의미에서 하나님의 뜻과 연결되어 있음을 인식하는 것이다. 우리가 겪는 그 어떤 시련도 우연이 아니고, 주님과 상관없는 것이 아니다. 하나님이 어떻게 이런 일이 일어나게 하실 수 있는지 항의하고 의아해할 필요가 없다. 우리는 하나님이 이런 일들을 허락하셨고, 비록 홍수로 물이 머리까지 차올라도 하나님은 보좌에서 다스리시고 큰 바다의 파도와 풍랑 소리보다 강하시다는 것을 믿어야 한다. 우리는 "사람의 노여움은 주를 찬송하게 될 것이요 그 남은 노여움은 주께서 금하시리이다"(시76:10)라는 말씀을 믿고 이렇게 말해야 한다. "하나님은 우리의 피난처시요 힘이시니 환난 중에 만날 큰 도움이시라 그러므로 땅이 변하든지 산이 흔들려 바다 가운데에 빠지든지 바닷물이 솟아나고 뛰놀든지 그것이 넘침으로 산이 흔들릴지라도 우리는 두려워하지 아니하리로다"(시 46:1-3).

우리가 겪는 모든 일이 우리가 선택할 최선이라거나 하나님이 궁극적으로 이루실 최선이라고 생각할 필요는 없다. 이 일들을 통해 하나님은 우리에게 시련을 극복할 수 있는 그분의 능력을 보여 주시거나 거룩함, 신실함, 평안, 또는 용기에 대한 교훈을 가르쳐 주실 수도 있다. 우리가 경험하는 모든 일들은 우리가 처한 상황 가운데 하나님의 목적에 부합한다. 그러므로 우리는 주변 상황이 달라지기를 구하는 것이 아니라 이미 우리를 둘러싸고 있는 상황 속에서 이겨내야 한다. 우리는 현 상황에서 도망치면서 "내가 원하는 상황이 되면 그리스도 안에 거할 겁니다"라고 해서는 안 된다. 우리는 항구에 정박해 있는 축복의 시간뿐 아니라 항해 중에도, 폭풍 속에서도 그리스도 안에 거해야 한다. 하나님이 모든 것을 허락하시고 또 모든 것이 협력하게 하실 수 있음을 명심하자. 이뿐 아니라 이 모든 것이 전부 우리의 유익을 위한 것이며, 그분의 목적을 이루고 계시다는 것을 우리에게 알려주려 하시는 것임을 잊지 말아야 한다.

## 외적인 자극 점검하기

그리스도 안에 거하려면 우리의 감각을 매우 조심해야 한다. 육체적인 자극만큼 쉽게 우리를 위험한 들판이나 샛길로 빠뜨리고 방황하게 만드는 것도 없다. 우리의 눈이 얼마나 자주 다른 곳에 정신을 팔게 하는지! 거리를 걷다 보면 우리 옛사람의 모습을 떠올리게 하는 많은 것들이 눈에 들어온다. 사람들의 눈은 거미의 눈처럼 앞도 보고 뒤도 보고 모든 면을 본다. 솔로몬은 "네 눈은 바로 보며 네 눈꺼풀은 네 앞을 곧게 살펴"(잠4:25)라고 말했다. 어떤 경로를 통해서든, 세속적인 것이 우리 안에 들어오면 우리를 주님의 임재로부터 멀어지게 한다.

심지어 크리스천들과의 단 몇 초간의 대화를 통해서도 우리는 완전히 더럽혀질 수 있다. 그래서 우리는 무엇을 들을지 무엇을 볼지 조심하면서 절제된 영역에서 살아야 한다. 이렇게 살려면 주어진 일의 절반은 손을 못 대게 될 수도 있다. 이러한 현실은 우리를 불안하게 만든다.

'물거미'라고 불리는 작은 생물이 있는데 이 생물은 습지의 흙탕물로 된 호수에서 산다. 흙탕물 표면으로부터 몇 센티미터 밑으로 내려가 항상 거기에서 산다. 이 물거미에게는 자기 몸집보다 몇 배나 더 큰 공기 방울을 몸 주위에 모을 수 있는 신기한 기관이 있다. 수면으로 올라와서 여기에 공기를 채우고 수면 아래로 내려가면 이 기포가 물거미에게 공기층을 만들어줘서 이 안에서 둥지를 틀고 새끼를 기른다. 공기가 있는 곳에는 물이 들어갈 수 없다는 원리 때문에 이 거미는 사방이 흙탕물로 둘러싸인 작은 집안에서도 마치 맑은 공기가 있는 수면 위에 사는 것처럼 안전하다. 이처럼 우리도 우리 삶의 내면으로 들어가 그리스도와 함께 머물 수 있다. 비록 우리 주변에는 죄가 만연하고, 사는 것이 지옥 같고, 고달프고, 유혹을 받고 죄를 지어도, 우리는 그리스도 예수 안에서, 마치 하늘나라에 있는 성도들처럼, 안전할 것이다.

## 내적 기도

다시 말하는데, 우리가 주님 안에 거하려면 마음으로 하나님과 교제하는 내적 기도의 습관을 길러야 한다. "하나님은 영이시니 예배하는 자가 신령과 진정으로 예배할지니라"(요4:24), "범사에 감사하라 이것이 너희를 향하신 하나님의 뜻이니라"(살전5:18)와 같은 말씀의 의미를 우리는 알아야 한다. 말로 하는 것이 아닌, 마음속의 생각으로[1] 하는 침묵 기도의 습관은 주님 안에 거하는 비결 중 하나이다. 이것을 '되새기는 마음/기억하는 영'이라고 불러도 좋겠다.

---

1 "내 마음판에 새기며"(잠7:3b)

## *깨어 있기*

　주님 안에 거하는 것과 관련있는 또 다른 어휘가 있는데 그것은 '온전히 깨어 있기'이다. 이것은 우왕좌왕하는 모습과 반대의 개념이다. 이것은 무언가를 유지하며 꼭 붙들고 항상 경계하지만 주님께 편안히 붙들려 있는 영이다. 하지만 유지하며 꼭 붙들고 경계하는 이 모든 행위를 우리가 해야 한다는 것을 의미하지는 않는다. 우리는 배의 운전대만 잡고 있으면 된다. 조종은 그리스도께서 하신다. 이것은 기차 브레이크의 작동 원리와 같다. 기관사는 손잡이를 작동해서 전류가 흐르게만 하면 된다. 엔지니어는 기차 전체를 움직여야 하는 것이 아니라 엔진의 동력 제어 장치를 조절하기만 하면 된다. 마찬가지로 크리스천은 자신의 싸움을 혼자의 힘으로 감당할 필요가 없다. 싸움의 함성만 지르면 된다. 이 함성이 예수님의 이름으로 주어졌다면, 하늘의 권세가 이 함성을 뒤따를 것이다. 이렇게 우리는 순간순간 주님과의 교제와 승리 안에 늘 거할 수 있다. 우리의 삶의 모든 영역이 그리스도 안에 있게 될 때까지!

## 하나님이 인도하시도록 하기

그리스도 안에 거하려면 하나님이 우리를 도우시게 하려는 노력을 멈추고 우리가 하나님의 길을 따르고, 하나님이 친히 인도하시도록 해야 한다. 크리스천들은 자신이 그리스도를 섬기기로 선택했으니 그리스도가 자신을 도와 주어야 한다는 자기 중심적인 생각을 버려야 한다. 오히려 우리가 그리스도의 길에 들어서야 한다. 그러면 자신의 길을 가시는 주님이 우리를 데리고 가시는 것이다. 우리가 강 물줄기 가운데 있으면 강을 타고 내려간다. 우리가 하나님의 품 안에 있으면 마땅히 하나님과 함께 가게 된다. 우리의 삶은 하나님께 맡겨질 때 하나님의 전능하심과 같이 능력이 있고 하나님의 나라처럼 은혜로울 것이다.

## 예상치 못한 시련

혹시 일어날지 모르는, 예상치 못한 일에 대해 언급해 두는 것이 좋겠다. 때때로 주님은 우리를 깨어 있게 하시려고 갑작스러운 유혹에 우리가 휩쓸리게 두기도 하신다. 우리 삶에 이런 일들이 생기면, 우리가 깨어 있도록 주님이 허락하신 것이라고 여기자. 마치 눈을 깜빡이며 속눈썹이 내려가는 것이 눈이 위협받고 있음을 알리려고 하는 것처럼 말이다. 이러한 유혹들은 종종 우리의 부주의에서 비롯되기도 한다. 우리가 주님의 길에서 벗어날 때, 주님은 우리가 원수의 영향권에 있다는 것을 깨달을 수 있게 시련을 허락하신다. 우리가 주님 안에 거하고 있다면, 모든 악은 주님을 통해서 우리를 공격해야 한다. 우리가 중심에서 조금 벗어나면, 마치 목동이 어린 양들을 양무리 안으로 몰아넣기 위해 양치는 개들을 보내는 것처럼 그리스도도 원수가 우리를 놀라게 해서 주님께로 돌아오도록 두시는 것이다. 작은 넘어짐이 큰 낭패를 보는 것보다 나으니까.

## <u>실패</u>

그러나 우리가 주님의 모든 보살핌에도 불구하고 실수했더라도, 절망해서는 안 된다. "나는 이제 축복을 잃었어", "내게 이런 삶은 불가능하다는 것을 깨달았어"라고 말할 것이 아니라 "만일 우리가 우리 죄를 자백하면 그는 미쁘시고 의로우사 우리 죄를 사하시며 우리를 모든 불의에서 깨끗하게 하실 것이요"(요일1:9)라는 약속을 기억해야 한다.

## <u>하나님을 우리 현실로 모셔 오기</u>

많은 크리스천들에게 하나님은 실제적이지 않다. 어떤 남자에게 하나님은 그가 직면한 어려운 임무만큼 현실로 와 닿지 않는다. 또 어떤 여자에게 하나님은 그녀가 하는 일이나 겪는 시련만큼 실제적이지 않다. 어떤 환자에게 하나님은 자신이 겪는 질병만큼 현실적이지 않다. 어떻게 하면 하나님의 존재를 실제로 경험할 수 있을까? 내가 아는 가장 좋은 방법은 하나님을 우리 현실로 모셔 오는 것이다. 두통은 현실이다. 하나님을 이 현실 속으로 모셔 오자. 그러면 하나님은 우리가 겪는 두통만큼 실제적이 된다. 훨씬 좋은 점은, 두통이 사라져도 주님은 거기 계신다는 것이다. 시련은 현실, 에너지가 다 소모되는 현실이다. 하나님을 이 시련 가운데로 모셔 오면, 하나님은 그만큼 더 실제적이 된다. 빨래과 다림질은 현실이다. 하나님을 우리가 하는 집안일에 모셔오라. 하나님이 집안일만큼 실제적이 될 것이다. 우리가 그리스도를 우리의 삶에 연결할 때 그리스도는 우리에게 실제가 된다.

반얀(Banyan) 나무는 이렇게 자란다. 먼저 줄기와 가지가 하늘을 향해 자라고 그 다음에 가지가 아래로 자라 땅에 닿아 뿌리를 내린다. 이렇게 조금씩 조금씩 수백 개의 가지가 땅에서 엮이고 얽혀지면, 바람과 파도에도 끄떡없고, 인도양의 태풍도 이것을 꺾을 수 없다. 이 나무는 서로 얽힌 수

백 개의 뿌리와 가지로 뿌리를 내리고 묶여 있다. 이렇게 하나님은 한 영혼을 구원하실 때 가지 하나를 심으신다. 그리고 그 영혼을 채우시고 거룩하게 하시고 그의 어려움에 도움이 되어 주실 때마다 또 다른 가지가 자라는 것이다. 이렇게 수백 개의 섬유조직을 통해 우리의 삶은 하나님 안에 뿌리를 내리고 묶이게 된다. 그래서 지옥의 어떤 권세도 이 교제를 끊을 수 없고 우리를 하나님의 사랑에서 끊을 수 없다. 아멘!

*Lord Jesus, make Thyself to me A living, bright reality,*
*More present to faith's vision keen*
*Than any outward object seen,*
*More dear, more intimately nigh,*
*Than even the sweetest earthly tie.*
*Nearer and nearer still to me Thou living, loving Saviour be.*
*Brighter the vision of Thy face,*
*More glorious still Thy words of grace;*
*Till life shall be transformed to love,*
*A heaven below, a heaven above.*

주 예수여, 당신이 저에게 살아 계신,
선명한 실제가 되게 하소서.
눈에 보이는 어떤 사물보다도 더 생생하게
믿음의 눈에 존재하시고,
세상의 가장 감미로운 친분보다
더 사랑스럽고 더 친밀하게 가까이.
저에게 점점 더 가까이 오소서,
살아 계신, 사랑이 충만하신 구주여.
주님의 얼굴이 더욱 선명해질수록,
당신의 은혜의 말씀은 더 영광스럽습니다.
삶이 사랑이 되고,
이 땅이 하늘의 하나님 나라가 될 때까지.

## 되새기기

- 우리가 주님 안에 거해야 하며 어떤 의미에선 우리가 거하는 만큼 주님도 우리 안에 거하실 것이라고 말씀하신다. "내 안에 거하라 나도 너희 안에 거하리라."(요한15:4a)

- 우리는 지금 이 순간에 온전하게 구원받았고 지금 이 순간에 승리를 누리고 있다. 지금 우리가 누리는 충만함은 이 순간을 채우고 넘쳐 바로 다음 순간에도 누릴 수 있다. 이렇게 우리가 매 순간 주님과의 교제를 새롭게 해 나간다면 우리는 항상 그 분 안에 거하게 될 것이다.

- 대부분 사람들은 은혜를 받으면 더 이상의 노력 없이도 은혜로 인해 주님 안에 계속 거하게 된다고 생각한다. 그렇지 않다.

- 그분 안에 거하는 것이 자발적이 되려면 이것이 영적인 습관이 되어야 한다… 모든 습관은 작은 행동을 계속하는데서 비롯된다… 주님이 우리에게 하라고 하신 일을 꾸준히, 끈기있게, 신실하게 실천함으로 얻어진다.

- 우리가 모든 상황에서 주님을 바라보고 "주님, 당신의 뜻이 무엇입니까? 이에 대한 당신의 생각은 무엇입니까?"라고 물어볼 때까지 우리 자신을 억제하고 우리의 의지를 내려놓는 연습을 하자.

- 우리가 그리스도 안에 거하려면 그리스도께서 우리 삶의 긴급상황 뿐 아니라 삶의 전부를 담당해 오셨음을 기억해야 한다. 그리고 우리는 주님을 항상 의지하는 습관을 길러야 한다.

- 주님 뜻대로 하시도록 맡기면 인생에 어려움이 없는 것이 아니라 주님이 우리가 겪는 모든 어려움을 이겨내도록 하신다. 그러니 오직 주님을 신뢰하자.

- 이처럼 우리도 우리 삶의 내면으로 들어가 그리스도와 함께 머물 수 있다. 비록 우리 주변에는 죄가 만연하고, 사는 것이 지옥 같고, 고달프고, 유혹을 받고 죄를 지어도, 우리는 그리스도 예수 안에서, 마치 하늘나라에 있는 성도들처럼, 안전할 것이다.

- 어떻게 하면 하나님의 존재를 실제로 경험할 수 있을까? 내가 아는 가장 좋은 방법은 하나님을 우리 현실로 모셔 오는 것이다.

**7장**

**죽음을 통해 생명으로**

# 7장 _죽음을 통해 생명으로

> "누구든지 나를 따라 오려거든 자기를 부인하고 자기 십자가를 지고 나를 따를 것이니라"(마16:24).

　세상의 복음과 주님의 복음에는 큰 차이가 있다. 세상은 작별 인사를 할 때 "잘 지내-너 자신을 돌봐"라고 말한다. 주님은 "너 자신을 내려놓고 다른 사람들을 돌보고 하나님의 영광을 위해 힘쓰라"고 말씀하신다. 세상은 "즐겁게 지내-너 자신을 우선으로 생각해"라고 말한다. 그러나 결국 세상은 지나가게 되고 나중 된 자가 먼저 되게 된다. 내려놓는 사람이 모든 것을 얻게 되고 꽉 붙잡는 사람은 그 붙잡은 것을 잃게 된다. "누구든지 제 목숨을 구원하고자 하면 잃을 것이요 누구든지 나를 위하여 제 목숨을 잃으면 찾으리라"(마16:25)고 하신 주님의 말씀이 이루어진다.

이처럼 희생의 법칙은 하늘에서도 땅에서도 가장 중요한 법칙이다. 이것은 하나님의 위대한 법이며 땅과 자연의 모든 영역에서 찾아볼 수 있다. 우리는 이 땅에 살다 죽은 수천만 세대의 뼈를 밟으며 살아간다. 지구의 중심부 자체가 오랜 시대의 잔해이고 이전 세대의 주검이다. 모든 자연은 죽었다가 다시 살아나며 모든 새로운 진화는 과거의 잔해 위에 세워진 더 높고 더 큰 생명체이다. 한 알의 밀알은 땅에 떨어져 죽지 않으면 말라붙은 씨로 남게 된다. 하지만 죽으면 다시 살아서 번식하여 아름다운 봄과 황금빛 가을을 거치면서 풍성한 수확을 이룬다. 우리가 세상적인 삶에서 영적인 삶을 추구할 때 경험하게 되는 더 높고 깊은 차원의 영적 삶에서도 마찬가지다. 이기적인 모든 것은 또 다른 이기심에 의해 제한된다. 흐름을 멈춘 강은 고인 웅덩이가 되지만, 흐르는 강은 더 맑고, 더 풍부하고, 더 풍성해진다.

우리 눈을 우리 자신에게로 돌리면 우리는 아무것도 볼 수 없다. 우리가 밖을 내다볼 때, 세상을 향한 비전이 우리에게서 움튼다. 자연 생명의 법칙은 남을 사랑하고, 베풀고 내어 줌으로 남을 돌보는 것이다. 이기적인 것은 죽음이며 자멸이다.

희생의 법칙은 하나님의 법칙이다. 성부, 성자, 성령으로 최고의 충만함을 누리셨던 하나님은 자신을 내어 주셨다.

하나님의 영광은 자신을 내어 주는 데 있었다. 그래서 하나님은 창조와 우주의 아름다움 가운데 자신을 주셨고 가능한 모든 행복이 이 자연의 법칙에 따라 이루어지도록 하셨다. 그리고 나서 하나님은 예수 그리스도 안에서 자신을 주셨다. "하나님이 세상을 이처럼 사랑하사 독생자를 주셨으니"(요3:16a). 그분은 자신의 가장 좋은 것을 주셨고, 모든 것을 주셨고, 독생자를 주셨다. 희생은 하나님의 법이다. 하나님은 자신 전부를 내어 주기까지 사랑하셨다.

그러므로 희생은 그리스도 자신의 법칙이기도 하다. 그리스도는 하나님의 희생으로 오셨고, 희생하러 오셨다. 그리스도는 자신의 명예를 내려놓으시고 한 세대 동안 하늘나라를 떠나서서, 자신에게는 사람의 발 밑에 있는 비천한 지렁이보다도 훨씬 더 낮은 존재인 피조물들과 함께 사셨다. 스스로 그 일원이 되셨고 타락한 인간의 형제가 되셨다. 항상 양보하고, 내려놓았고, 늘 자신의 능력을 억제하며 사용하지 않으셨다. 자신보다 낮은 인간들의 뜻에 따르셨는데, 마침내 그들이 자신을 십자가에 못 박을 때까지 그러하셨다. 그리스도의 전 생애는 계속해서 자신을 부인하고 사람들의 짐을 지고 그들의 슬픔을 함께 나누는 것이었다. 이처럼 사랑과 희생은 그리스도의 법이다. "너희가 짐을 서로 지라 그리하여 그리스도의 법을 성취하라"(갈6:2). 그리스도의 법은 다른 사람의 짐을 지고, 다른 사람의 슬픔을 함께 나누고, 다른 사람을 위해 자신을 희생하는 것이다.

희생은 기독교의 법이고 크리스천의 법이다. 이것만이 구원에 이를 수 있는 유일한 길이다. 처음부터 항상 그랬다. 믿음의 조상 아브라함이 약속의 자녀인 그의 독자를 포기했던 모리아산에서도 마찬가지였고, 갈보리산에서 그 절정에 이르렀다. 줄곧 이 길은 피와 희생으로 얼룩져 있었다. 아브라함이 이삭을 포기했을 뿐만 아니라, 이삭도 그의 생명을 바쳤고 평생 다른 사람들을 위해 자신을 포기하는 삶을 살았다. 우리는 야곱이 그의 아내를 얻기 위해 얼마나 오래 일을 해야 했고 그러고도 그가 택한 여인을 얻지 못했음을 안다. 그의 삶은 고난의 삶, 수동적인 삶, 인내하는 삶이었다. 요셉도 자신이 처한 상황에서 자기 자신을 내려놓았다. 그는 아주 높이 올라가야 했기 때문에 그만큼 더 낮아져야 했다. 노예로 팔렸을 뿐만 아니라 수치스러운 투옥을 견뎌야 했고 거의 죽을 뻔하기도 했다. 요셉이 사람들의 시야에서 사라지고 그에 대한 하나님의 모든 약속도 잊혀진 것 같고, 그의 미래가 절망적으로 보였을 때가 돼서야, 하나님은 그를 선택하여 세상의 왕좌에 앉히셨다.

모세는 도망자가 되어야 했다. 모세는 동족을 도와주려고 했지만 실패했고 40년 동안 하나님께 가르침을 받고 훈련받아야 했다. 마침내 모세가 사람들에게 잊혀졌을 때 그들을 도우려는 소원이 이루어졌다. 약속의 땅을 목전에 두고 모세는 그 땅에 들어가는 꿈을 내려놓아야 했다. 그는 가장 소중한 희망을 포기한 채로, 가나안에 들어가기 직전에 죽었고, 오랜 세월이 흐른 뒤 예수님이 친히 그를 데려와 변화산에 함께 세우시고 "모세야, 네가 포기했던, 잃어버렸던, 정말 갖고 싶어했던 것을 너는 갖게 되었다. 그리고 이제 더 좋은 부활을 누리게 되었다"고 말씀하실 때까지 기다렸다. 과거의 많은 인물들에게도 마찬가지였다. 사울은 자신을 내려놓지 않았고 육적인 것의 상징인 아각과 아말렉을 멸하지 않았다. 그래서 누구보다도 더 준수하고 어깨 위 머리 하나만큼 더 컸던 사울 자신과 그가 이룰 수 있었던 모든 가능성은 세상에서 잊혀지게 되었고, 불명예와 수치와 파멸에 이르게 되었다. 그리고 요나가 있다. 그는 여로보암 2세 때에, 하나님이 자기 백성을 구원하고 그 나라를 승리와 막강한 세력으로 이끌기 위해 귀히 쓴 인물이었다. 그는 최초로 외국으로 파송된 선교사로 하나님의 영광을 누렸다. 하나님이 그를 택하여 앗시리아로 보내며 "가서 니느웨 사람들에게 선포하라, 온 세상이 나를 알고 내게 영광을 돌리게 하라"고 말씀하셨다. 하나님은 그를 크게 축복하셔서, 그 도시에서 한 번도 경험하지 못했던 강력한 부흥이 그로 인해 일어났다. 그러나 요나는 하나님이 니느웨 사람들을 모두 멸하지 않으셔서 선지자로서의 자신의 명예가 훼손되었다며 화를 냈다. 요나는 니느웨 사람들이 40일 안에 죽을 것이라고 예언했지만, 40일이 되기 전에 그들은 죄를 회개했고 하나님은 심판하시려던 말씀을 돌이키시고 그들을 용서하셨다. 요나는 "내 입장이 뭐가 된 줄 아세요? 사람들은 이제 다시는 나를 믿지 않을 겁니다. 왜 니느웨를 멸망시키고 내 명성을 지켜주지 않으셨어요?"라고 했다. 요나가 자기 영광을 버리지 못했기에, 하나님은 자기 영광을 구하는 것이 얼마나 멸시를 받을 일인지 온 세대에 보이기 위해 그를 욕되게 하시고 그를 시들은 박 넝쿨 아래에 허수아비처럼 세워 두셨다. 나라 전체를 회개시키는 임무를 성취하고도 단지 하나님이 자신의 명예를 실추시켰다고 하나님을 비난하면서 차라리 자기를 죽여 달라며 시든 박 넝쿨 아래 앉아 있는 가여운 늙은 선지자의 모습이라니! 얼마나 놀랍고 어처구니없는 광경인가. 하나님은 이기심으로 인한 수치와 불명예의 본보기로 그를 거기에 세워 놓으셨다.

  신약에서는 시몬 베드로가 경험한 이야기가 나온다. 주님이 그를 회복시키셨을 때 그에게 주신 마지막 메시지는 "네가 젊어서는 스스로 띠 띠고 원하는 곳으로 다녔거니와 늙어서는 네 팔을 벌리리니 남이 네게 띠 띠우고 원하지 아니하는 곳으로 데려가리라"였다. 이 말씀을 통해 베드로가 어떠한 죽음으로 하나님께 영광을 돌릴 것을 보여주신 것이다. 예수님은 베드로에게 자신의 본능적인 선택과 상반된 삶, 내려놓고, 순종하고, 굴복하고 다른 사람에 의해 이끌리는 삶, 마침내 주님의 십자가에 거꾸로 못 박히게 되는 십자가의 삶을 주셨다.

세상은 말한다. 너 자신을 챙기라고. 그러나 예수님은 "내가 아니라 그리스도 (Not I, but Christ)"라고 말씀하신다. 옛 사람이 십자가에 못 박혀야 할 뿐 아니라 자신의 모든 힘과 스스로 할 수 있다는 자신감을 가진 새 사람도 죽어야 한다. 이스마엘이 집에서 나가 버림받은 자가 되어야 할 뿐 아니라 이삭도 자신을 내려놓고 자부심을 갖지 말아야 한다.

이런 삶에 대해 언급하는 것은 너무나 쉽다. 나이가 들어갈수록, 나 자신과 친구들을 더 오래 알아갈수록, 이것이 크리스천들을 실패하게 만드는 요인임을 더 확실히 알게 된다. 너무 많은 사람들이 예수님과 잠깐 동행하다가 겟세마네와 갈보리에서 멈춘다. 그들은 예수님이 갈릴리에서 사역하실 때에는 따랐다. 산상 수훈은 훌륭한 도덕성을 보여 주었다. 그들은 수천 명을 먹이는 것을 좋아했고 "그가 얼마나 복된 왕이 될 것인가!"라며 감탄했다. 예전처럼 일할 필요가 없었을 테니까. 그러나 예수님이 갈보리에 대해 그리고 자신뿐 아니라 그들을 위한 십자가에 대해 말씀하시고, 그들이 어떻게 예수님과 함께 가야 하며 끝까지 함께 가야 하는지에 대해 말씀하셨을 때, 그들은 "이 말씀은 어렵다. 누가 들을 수 있느냐"라고 했다. 며칠 후 그들은 "우리는 그를 이해할 수 없어. 우리는 그가 왕이 될 것이라고 생각했었는데"라고 말했다. 그들은 십자가를 지려고 하지 않았다.

바로 여기가 많은 사람들이 멈춰서는 자리다. 그들은 자기 자신에게 "아니오" 하고 하나님께 "예"라고 말하는 대신에 자신에게 "예" 하고 하나님께 "아니오"라고 대답한다. 희생이라는 진리에 대해 말하는 것은 이 진리에 따라 사는 것보다 훨씬 쉽다. 성령께서 우리에게 이것을 실천할 수 있도록 해 주시지 않는 한 이에 대해 말하는 것은 아무 소용이 없다. 어떤 작가가 우리가 받아야 할 세례가 세 가지 있다고 말한 적이 있다. 첫째는, 우리가 죄에서 하나님께로 돌아오는 회개의 세례고 둘째는, 성령을 받아 우리 안에 거하시게 하는 성령 세례다. 그리고 셋째는, 성령이 임하신 후에 그리스도의 죽음에 합하는 세례다. 세례를 이렇게 세밀하게 구별하는 성경적 근거는 없을지 모르지만, 거쳐야 할 세 단계가 있다는 것에는 의심의 여지가 없다. 사람이 성령 세례를 받으면, 하나님이 그 사람 안에 거하러 오신다. 그리고 성령께서 그 사람의 마음을 거처로 삼으신다. 그러면 그는 그리스도와 함께 자신을 부인하는 데까지 가야 한다. 그래서 주님은 "아무든지 나를 따라 오려거든 자기를 부인하고 날마다 제 십자가를 지고 나를 따를 것이니라"(눅9:23)고 말씀하셨다. 그리고 자신에 대해서도 말씀하셨다. "나는 받을 세례가 있으니 그것이 이루어지기까지 나의 답답함이 어떠하겠느냐"(눅12:50). 우리에게는 주님과 함께해야 할 죽음이 있다. 주님은 날마다 더 깊은 죽음 속으로 들어가고 계셨고, 그분의 마음은 온통 그것에 억눌려 있었다. 마침내 주님은 겟세마네 동산으로, 요셉의 무덤으로, 그리고 음부로 내려가셨고, 죽은 자들의 영역을 통과하여 처음으로 하늘 문을 여셨다. 이것이 바로 예수님이 요단강에서 세례를 받은 후에 보셨던 자기 앞에 놓인 길이었다.

성령 세례를 받은 여러분이 바로 주님의 죽으심에 참여해야 할 사람들이다. 우리가 그리스도께 우리 자신을 헌신했을 때 믿음으로 세례의 이 모든 단계를 받아들였고, 이 모든 것을 사실로 여겼고 하나님도 이것을 사실로 간주하신다는 것을 우리는 안다. 하지만 소중한 친구 여러분, 우리는 이것들을 하나하나 단계별로 거쳐야 한다. 하나님이 크리스천들을 마치 완전히 성화된 것처럼, 하늘 보좌에 앉아 있는 것처럼 대하신다는 것을 알지만 우리 크리스천들은 좁은 통로와 계단을 통해 이 세례의 단계들을 거쳐야 한다. 여기에 대충 지나치는 일은 없어야 한다. 어떤 사람들은 이 과정이 다 이루어졌다고 여길 수도 있지만 이 과정은 한걸음 한걸음 우리 마음속에 새겨져야 하는 것이다.

이 모든 것이 무엇을 의미하는가? 자신의 의지를 굽히는 것을 의미한다. 하나님께 온전히 헌신한 후 우리 마음에 갈등이 자주 생긴다. 헌신한 바로 다음날 아침에 우리는 인생에서 가장 끔찍한 전쟁을 치르게 될 수도 있다. 이것은 바로 우리가 우리의 의지를 포기했기 때문이며 마귀는 우리가 내려놓은 그 의지를 다시 되찾기를 원한다. 평화롭고 아름다운 들판이 될 것이라고 생각하지 말라. 오히려, 사탄과 불화살로 싸우는 전쟁터가 될 것이다. 마귀는 우리의 헌신이 얼마나 비합리적인지, 우리 자신의 뜻을 주장하는 것이 얼마나 옳은지를 보여 주려고 할 것이다. 아마도 일주일 또는 한 달 동안 생사가 걸린 싸움이 계속될 것이다. 예수님이 광야에 계셨던 40일 동안 마귀는 예수님이 예수님 자신의 뜻대로 행하시게 만들려고 노력했지만 예수님은 그 시험을 견디셨다. "내가 온 것은 내 뜻을 행하려 함이 아니요 나를 보내신 이의 뜻을 행하려 함이니라"(요6:38)고 말씀하시며 자신의 뜻을 내려놓으셨다.

하나님은 예수님이 자신의 뜻을 내려놓고 하나님의 뜻대

로 인도함을 받으셨기 때문에 예수님을 지도자로 삼으실 수 있었다. 그 누구도 다스림을 받아 보기 전에는 다스릴 수 없다. 요셉이 사람들에게 당한 경험들이 없었다면 이집트에서 총리의 위치에 오를 수 없었을 것이다. 요셉은 상한 마음으로 낮아지고, 겸손한 마음으로 그 자리에 있었다. 그 형제들이 그를 보러 왔을 때, 세상은 "그들이 얼마나 비열하고 사악했는지 느끼게 해줘"라고 말했을 것이고 하나님은 "아니다, 그들이 한 일을 잊도록 도와줘라"고 말씀하셨을 것이다. 그래서 요셉은 "근심하지 말고 한탄하지 마세요. 당신들은 나를 해하려 했지만 하나님은 그것을 선으로 바꾸셨습니다"라고 말했다. 요셉이 겸손하지 않았다면 그는 애굽의 통치자로서의 역할을 잘 감당하지 못했을 것이다. 어떤 사람도 인도함을 받기 전에는 인도할 수 없다. 다윗은 9년의 훈련을 받아야 했는데, 9년 더 훈련을 받았더라면 더 좋았을 것이다. 그랬다면 왕위에 올랐을 때 그처럼 부끄럽게 권력을 남용하지 않았을 것이다. 바벨론에 있던 다니엘은 고레스와 느부갓네살 때 총리의 자리에 앉기 전에 고난의 훈련을 받아야 했다. 만약 하나님이 당신을 통해 무언가를 하려고 하신다면 당신의 모든 뜻을 그분의 손에 맡기라. 당신은 이 첫 번째 내려놓음 이후에 적지 않은 시험들을 겪게 될 텐데, 이 시험들은 단지 하나님이 일하시는 기회가 될 뿐이다.

  다음으로 내려놓아야 할 것은, 우리가 좋아하는 어떤 일을 하면서 빠질 수 있는 자기 방종이다. 그 누구도 무언가를 단지 즐기거나 좋아한다고 해서 즐거움을 위해 그 일을 할 권리가 있는 것은 아니다. 우리가 무엇을 먹을 때 단지 좋아한다는 이유만으로 먹지는 않는다. 그렇다면 우리는 짐승과 다를 게 없다. 저녁 식사가 우리에게 살아갈 영양분을 주기 때문에 저녁을 먹는다. 단지 우리의 욕구를 만족시키려고 어떤 일을 하는 것은 이기적이고 그릇된 일이다. "너희는 먼저 그의 나라와 그의 의를 구하라." 우리는 어떤 경우에도 우리 자신의 유익을 구하라는 하나님의 보증을 받은 적이 없다. 하나님을 구하라 그리하면 하나님이 우리의 유익을 구하실 것이다. 하나님의 일을 돌보라. 하나님이 우리를 돌보실 것이기 때문이다. 모든 사람이 자신의 일만 돌보지 말고 다른 사람의 일을 돌보라는 것이다.

  또 자신이 성취한 일에 머무는 자기 만족이 있다. 봉사를 하거나 영적 승리를 조금 맛본 후에 우리는 얼마나 쉽게 "아주 잘했어"라고 스스로를 칭찬하고, 또 얼마나 빨리 헛된 영광에 빠지게 되는가! 너무나 많은 사람들이 자기 자신이 어떤 사람인지 보다는 사람들이 자신에 대해 어떻게 생각하고 말하는지에 더 관심이 있다.

하나님의 일에 있어서 허영심만큼 경계해야 할 것은 아마 없을 거다. 허영심은 요나에게 저주였다. 이사야 6장에서 스랍들은 날개로 자기의 얼굴과 발을 가렸다. 그들은 자기의 아름다움을 보고 싶지 않아 얼굴을 가렸고, 자기의 섬김을 보고 싶지 않아 발을 가렸으며, 어느 누구도 자신들을 볼 수 없게 했다. 그들은 날기 위해서 여섯 날개 중 오직 두 날개만을 사용했다. 우리는 다른 사람이 시험에 들지 않도록 조심해야 한다. "하나님의 축복이 있기를"이라는 말로 사람들을 격려하는 것은 괜찮다. 하지만 사람들을 칭송하지는 말자. 하나님은 사람에게 "얼마나 아름답고, 얼마나 언변이 좋고, 얼마나 사랑스럽고, 얼마나 빛나는가!"라고 말씀하시지 않는다. 이것은 예수님의 면류관을 사람의 머리에 씌우는 격이다. 나는 성령께서 다른 이들에게 좋은 일을 할 수 있을 만큼의 능력을 내게 주시기를 원하지, 나에게 세상의 명예를 가져다 주는 능력을 원하지는 않는다. 만일 내게 그런 권세가 있다면 나는 그것을 인생에서 가장 큰 위험으로 느껴야 할 것이다. 우리가 예수님의 보좌에 앉아 천사들이 우리에게 경배하도록 할 권리가 없는 것처럼, 이 땅에서 그리스도의 명예를 누릴 권리도 없다. 하나님이 한 인간의 영혼을 축복하시기 위해 우리를 사용하실 때 우리는 매우 조심해야 한다. 하나님께 속하지 않은 만족감이 있기 때문이다. 하나님은 시험하려는 자가 엮어 놓은 이런 모든 올무에서 우리를 구해 주신다.

빌립은 에디오피아 사람 내시를 예수께로 인도하자마자 그 앞에서 떠났다. 남자와 남자 사이, 여자와 여자 사이, 남자와 여자 사이에는 미묘한 애착이 있다. 이것이 달콤하고 옳은 것처럼 보이지만, 우리의 영을 순결하게 유지하려면 성령의 도우심이 많이 필요하다. 나는 여기서 비도덕적인 애정에 대해 말하는 것이 아니다. 굳이 그런 사랑에 대해 말할 필요는 없다. 나는 훨씬 더 섬세하고 순화된 호감을 말하는 것이다. 이런 감정은 매우 순수하기 때문에 하나님께 더 큰 누를 끼치게 되고 더 위험할 수 있다. 하나님은 성령의 다스림에서 벗어나 있거나 예수님의 영광만을 나타내는 것이 아닌 모든 섬김과 모든 사귐, 모든 생각으로부터 우리를 지키신다.

다음으로 자신의 능력으로부터 갖게 되는 자신감이 있다. 영적 혹은 정신적으로 스스로 의로우며, 스스로 선하고, 선한 일을 할 능력이 있다고 느끼는 것이다. 우리가 이 모든 것을 내려놓고 우리 자신이 정말 아무것도 아닌 존재라는 깨달음에 이르러야 한다.

하나님은 자아에 대한 예민함, 쉽게 상처받는 섬세한 감수성, 또는 사랑받기를 원하니까 사랑을 받아야 한다는 이기적인 욕망을 기뻐하지 않으신다. 하나님의 사랑은 사람들을 축복하고 선을 행하는 것을 기뻐한다. 우리가 사랑하는 것은 우리의 기쁨을 위해서가 아니라, 다른 사람들을 축복하기 때문이어야 한다. 바울은 "재물을 사용하고 또 내 자신까지도 내어 주리니 너희를 더욱 사랑할수록 나는 사랑을 덜 받겠느냐"(고후 12:15)고 말한다. 바울은 너희가 나를 사랑하는 한 내가 너희를 도울 것이라고 말하지 않는다. 오히려 너희가 내게 조금도 감사하지 않는다는 것을 알더라도 너희를 축복하기 위해 나의 마지막 피 한 방울까지도 기꺼이 바친다고 말한다. 이것이 바로 우리의 고백이어야 한다. 사람들은 우리에게 상처를 주고 감사하지도 않는다. 우리가 사랑받지 못할 때 더 많이 내어주며 사랑해야 하지 않을까?

믿는 사람들에게 많은 어려움과 근심을 안겨주는 이기적인 욕망, 탐욕, 이기적인 동기, 소유욕에 대해 굳이 언급할 필요가 없다. 왜냐하면 그들 스스로 이것들을 끈질기게 붙잡고 있음을 잘 알기 때문이다.

이기적인 슬픔도 있다. 우리 자신에 대한 연민으로 흘리는 눈물처럼 이기적인 것은 없다. 하나님은 이스라엘이 우는 것을 보시고 노하여 말씀하셨다. "너희가 너희 눈물로 내 제단을 더럽혔도다"(말2:13b). 우리는 더 좋은 빵을 갖지 못해 우는 것이고, 그리스도보다 더 소중한 것이 있기 때문에 우는 것이다. 우리가 눈물을 흘리는 것은 완전히 만족하지 않거나 기쁘지 않기 때문이다.

우리의 희생과 자기 부정도 이기적일 수 있다. 그렇다, 자신의 성화에 대한 주장조차도 이기적일 수 있다. 자기 자신은 죄가 없다고 주장하는 어떤 사람에 대해 그의 냉소적인 친구는 "가엾은 늙은 영혼아, 인생에서 가장 큰 거짓말을 했기 때문에 넌 가장 큰 죄를 지었어"라고 말한다. 기도를 마친 후에 우리 자아는 "정말 멋진 기도였어"라고 말할 수 있다. 설교자의 자아는 설교를 하고 영혼들을 구원하고 집에 돌아가서 등을 토닥이며 "참 잘 했어. 너는 정말 쓸모 있는 사람이야!"라며 스스로 말하거나 악마가 그를 통해 말하게 할 수 있다. 자아는 스스로 불타 죽게 할 수 있고 그 타는 불길의 강렬함을 자랑스러워할 수도 있다. 그렇다, 우리는 육적인 이기심뿐 아니라 종교적 이기심도 가질 수 있다.

우리가 어떻게 이것들을 제거할 수 있을까? 이런 죄의 위험성을 깨달아야만 이겨낼 수 있고 승리를 유지할 수 있다. 죄를 솔직하게 직시하고 반드시 없애겠다고 결단해야 한다. "이런 결단이 다른 사람에게 꼭 필요할지 모르지만 내겐 필요 없어"라고 자신을 속이는 것이 최악의 경우다. 많은 사람들이 이 진실을 다른 사람에게 적용하고 자신의 삶에는 적용하지 않는다. 우리가 이 죄에 대해 사형 선고를 내리지 않으면 이 죄가 도리어 우리에게 사형 선고를 내릴 것이다. 이 죄는 겉은 보석처럼 아름다운 무늬가 있으나 그 속에는 사망의 독침이 있는 뱀과 같다.

  하나님은 우리 안에 있는 검증의 불길을 견디지 못할 모든 것들을 드러내기 원하신다. 우리의 삶보다 더 큰 복음을 가지지 말자. 우리 자아에게 사형 선고를 내린 후에 예수 그리스도와 성령님을 의지하여 자아를 없애는 일을 하자. 자아와 싸우려고 하지 말자. 시험이 찾아오고 하나님이 우리에게 그 시험을 겪게 하실 때 우리는 정직해야 한다. 시험은 종종 우리가 자아 중심적인 생활을 하는 가운데 승리를 거둔 영역에서 찾아온다. 전투가 시작되면 자아는 잊어라. 자신을 변호하려 하지 말고 "주님, 저를 지켜 주십시오"라고 말하라. 아마도 누군가 우리를 부추기려하고 또 누군가는 우리를 칭찬하려고 할 것이다. 그럴 땐 그냥 "네, 주님께서 우리가 인정받기를 얼마나 원하고 있는지 알게 하시려고 당신을 보내셨군요"라고 말하라. 성령님은 우리가 용기 내어 드리려고 하는 모든 것을 받으실 수 있고 우리가 용기 내어 받고자 하는 모든 것을 주실 수 있다. "그는 능히 너희를 보호하사 거침이 없게 하시고 흠이 없게 하실 수 있느니라." 얼마나 축복된 교환인가! 우리가 십자가를 지면 언젠가 우리는 면류관을 쓰고 보좌에 앉을 것이다. 우리는 모든 면에서 주님과 같이 될 것이며 주님이 가지신 모든 것을 함께 누리게 될 것이다.

## 다시 살아남이 아니라 부활하여

"너희가 그리스도와 함께 다시 살리심을 받았으면"(골 3:1a)

> 죽음에서 살아나신 구주와 함께 부활하여 그분과 함께 하나님의 우편에 앉습니다.
> 이것이 부활절이 주는 영광의 메시지이고 여기가 내가 믿음으로 서 있는 곳입니다.

> 사람들은 더 높은 단계로 올라가라고 하겠지만 그들은 우리를 인간의 차원으로 남겨둡니다. 우리는 하늘로부터 오는 부활을 받아야 합니다. 우리는 그리스도와 함께 죽고 다시 살아나야 합니다.

> 전에 내 안에는 다른 한 사람이 살았습니다. 그는 땅의 자손이고 사탄의 종이었습니다. 그러나 내가

*그를 예수님의 십자가에 못 박았습니다. 이제 그는 나와 아무 상관이 없습니다.*

*이제 내 안에 또 다른 사람이 살고 있는데 나는 그의 복된 생명을 나의 생명으로 여깁니다. 내 자신의 생명을 살았던 나는 그분과 함께 죽었습니다. 그리고 그분의 온전히 신성한 생명으로 부활했습니다.*

*오, 예수님과 함께 죽는 것이 얼마나 소중한지요! 죽음을 통해 자아와 죄로부터 자유로워집니다.*

*오, 예수님과 함께 사는 것이 얼마나 귀한지요! 그분이 내 안에서 죽음으로 얻은 생명을 살고 계시기 때문입니다.*

다시 살아남과 부활 사이에는 큰 차이가 있다. 사람은 한 차원에서 다른 차원으로 올라갈 수 있다. 그러나 사람이 부활할 때에는 무에서 유로, 죽음에서 생명으로 옮겨지며 그 전환이 무한하다 할 수 있다. 참된 크리스천은 죽었다 살아나는 것이 아니라 부활을 경험하게 되는 것이다. 다른 자연

종교와 인간 윤리의 모든 가르침이 그리스도의 복음과 크게 대조되는 것은 그들은 우리에게 더 높은 차원으로 올라가는 방법을 가르친다는 점이다. 이 복음이 영광스러운 것은 우리에게 더 높은 단계로 올라가는 법을 가르치는 것이 아니라 우리 스스로는 선한 일을 할 수 없다는 것을 보여주고 우리를 완전히 무기력하고 무의미한 존재로 무덤에 누인 다음, 전적으로 하늘로부터 태어나서 하늘의 능력으로만 유지될 수 있는 새 생명으로 일으켜 세운다는 사실이다.

참된 크리스천의 생명은 스스로 개선되는 것이 아니라 전적으로 초자연적이며 하늘로부터 비롯된 것이다. 그런데, 죽음이 없이는 부활이 일어날 수 없다. 부활은 죽음이라는 사실을 전제로 하는 것이고, 죽음이 실제적인 만큼, 부활 생명과 그 능력도 실제적이다. 그러므로 죽음과 '남겨두고 떠날 모든 것과의 작별'을 두려워하지 말라. 우리 자아가 죽고 더 이상 존재하지 않게 된다는 것에 대해서도 말이다. 우리는 내려놓음으로 아무것도 잃지 않는다. 애굽에서 나올 때까지, 약속의 땅 가나안에 들어갈 수 없다. 우리가 그리스도와 함께 죽었으면 또한 그리스도와 함께 살 것이다.

그런데, 골로새서 3장 1절은 믿는 자는 이미 죽었다가 그리스도와 함께 다시 살리심을 받았으며, 이것이 이미 일어난 사실임을 믿는 태도를 취해야 한다고 말한다. 바울은 여기서 그들에게 또 다시 그리스도와 함께 죽고 그와 함께 새롭게 부활할 것을 요구하지 않는다. 죽음과 부활을 이미 경험한 사람들은 그에 합당한 현실을 살아갈 것으로 기대되기 때문이다. 바울은 "너희가 죽었고 너희 생명이 그리스도와 함께 하나님 안에 감취었음이니라"(골3:3)고 그들에게 말한다.

로마서 6장은 이 사실을 훨씬 더 선명하게 설명해준다. 사도는 말한다 "무릇 그리스도 예수와 합하여 세례를 받은 우리는 그의 죽으심과 합하여 세례를 받은 줄을 알지 못하느냐 그러므로 우리가 그의 죽으심과 합하여 세례를 받음으로 그와 함께 장사되었나니 이는 아버지의 영광으로 말미암아 그리스도를 죽은 자 가운데서 살리심과 같이 우리로 또한 새 생명 가운데서 행하게 하려 함이라"(롬 6:3,4). 이 사실의 완결성을 더욱 힘 주어 강조하기 위해 그는 이렇게 말한다. "이것을 너희가 알거니와 그리스도께서 죽은 자 가운데서 다시 살아나사 다시 죽지 아니하시고 사망이 다시 그를 주관하지 못하리니 그가 죽으심은 죄에 대하여 단번에 죽으신 것이요 살아 계심은 하나님께 대하여 사심이라." 그러므로 사도는 우리에게 말한다. "이와 같이 너희도 너희 자신을 죄에 대하여는 죽은 자요 그리스도 예수 안에서 하나님께 대하여는 살아 있는 자로 여길지어다… 오직 너희 자신을 죽은 자 가운데서 다시 살아난 자 같이 하나님께 드리며 너희 지체를 의의 무기로 하나님께 드리라"(롬 6:9-11, 13).

오늘날 많은 가르침은 우리 자신을 하나님께 드려 계속해서 십자가에 못 박고 우리의 자아를 죽여야 한다거나, 또는 더 온전하게 죽어야 한다고 명령하지만, 사도는 여기서 그렇게 얘기하지 않는다. 오히려 십자가는 이미 지나갔음을 인정하고 우리는 이미 죽었고 죽은 자 가운데서 살아난 자로 자신을 하나님께 드려야 하며, 바로 이런 이유에서 하나님의 일과 영광을 위해 쓰임받도록 우리 자신을 하나님께 헌신하는 것이라고 말한다.

여러분은 저 높은 하늘에서 커다란 날개를 펴고 퍼덕이지도 않고 근육의 움직임 하나 없이 떠다니는 새를 본 적이 있는가? 이 새는 땅에서 까마득히 높은 하늘에 이런 자세로 떠 있다. 이미 높이 올라가서 더 이상 올라갈 필요가 없는 높은 고도의 혜택을 누리고 있다. 아침 노래를 부르기 위해 쉼 없는 날개짓을 하며 땅에서부터 높은 하늘까지 오르내리는 작은 종달새의 움직임과는 매우 다른 모습이다. 전자는 이미 올라 선 자세이고 후자는 올라가는 자세이다.

너무나 많은 증거들이 우리 자아가 아직 살아 있다는 것을 보여주는데 어떻게 우리 자신이 죽었다고 간주할 수 있을까? 우리를 다시 낮은 차원으로 끌어당기는 많은 것들이 우리 곁에 남아있음을 알면서 어떻게 우리 자신이 부활했다고 여길 수 있을까? 우리를 끌어내리는 것임을 알면서도 그것을 그대로 두는 것은 잘못이다. 옛사람을 실제라 여기고 그 옛사람을 극복하지 못하는 이유는 우리의 옛사람을 아직 살아 있는 존재로 인식하기 때문이다. 우리가 믿는 만큼 삶으로 경험하게 된다는 것은 복음 전체를 이해하는 데 있어서 근간이 되는 원리이다. 우리가 의문을 갖고 계속 질문하는 한, 의심의 영은 공동묘지에서 깨어날 수 있는 모든 유령을 무덤에서 끌어올려 우리를 괴롭힌다. 하지만 믿음의 요술 지팡이는 이 모든 유령들을 잠재울 것이다. 우리가 죽을 수 있는 유일한 방법은 우리 자신을 그리스도께 드리고 우리가 그분과 함께 죽었다고 여기는 것뿐이다.

심령주의에서 죽은 사람들의 영혼을 살과 피를 가진 형체로 회복시키는 힘이 있다고 주장하는 것은 허황된 일이다. 돌아가신 아버지가 자녀에게 나타나서 예전의 친숙한 말투로 대화를 나누고, 아버지가 아니면 아무도 알 수 없는 일들을 언급해서, 귀가 얇은 사람들이 죽어서 묻혔던 아버지가 진짜 다시 살아난 것으로 믿게 되는 일이 드물지 않다. 그러나 이것은 사실이 아니고 거짓이다. 그 아버지는 무덤에 묻혔을 때처럼 지금도 죽어 있다. 그의 육신은 땅에서 부패하여 여전히 거기에 있고, 그의 영은 살아있는 것처럼 보이지만 영원한 세계에 있다. 그럼 어떻게 된 것인가? 이것은 마귀의 거짓 중 하나이다. 사탄이 그 아버지로 가장한 것이다. 사탄은 죽은 자들의 형상을 허공에 만들고 그 입술로 말을 하게 해서 진짜처럼 보이게 하는 초자연적인 능력을 가지고 있다. 이것은 오늘날에도 풀리지 않은 수수께끼이지만 실제로 일어나는 일이라는 것에 대해서는 어느 정도 관심이 있는 사람이라면 이의를 제기하지 않을 것이다. 이에 대한 설명은 이렇다. 이것은 우리의 감각을 속이는 사탄의 작품일 뿐이다. 치료법은 무엇일까? 이것을 인정하기를 거부하라. 죽은 것으로 간주하라. 너는 아버지가 아니라 악마의 자식 중 하나라고 얼굴에 대고 말하면 즉시 사라질 것이다. 사탄이 감당할 수 없는 것이 하나 있는데 그것은 무시당하고 업신여김을 받는 것이다. 사탄은 관심을 주면 살아나고, 무시하면 사라진다. 그러므로 우리가 심령주의의 발현을 인정하지 않으면, 그것은 사라지고 계속 활동할 동력을 잃게 되는 것이다. 전적으로 우리의 의지에 달려 있다.

이제 우리는 복음의 원리를 훌륭하게 설명할 수 있다. 우리 자신을 그리스도께 드려서 그와 함께 십자가에 못 박고, 모든 이전의 삶을 떠나 보낸다. 그리고 이제 하늘로부터 태어나 오직 그리스도에 의해서만 생명을 얻는 사람으로 산다. 불쑥 우리의 악한 옛 버릇들이 다시 나타나고 옛 생각들과 악한 모습들이 자신을 드러내며 "우리는 죽지 않았어"라고 크게 소리 지른다. 이때, 우리가 이것들을 인정하고 두려워하며 대응한다면 이것들이 우리를 통제하고 우리의 옛 모습으로 다시 끌고 갈 것이다. 하지만 우리가 이것들을 인정하지 않고 "이것은 사탄의 거짓말이야. 나는 정말 죄에 대하여 죽었고 이것들은 더 이상 내게 속한 것이 아니라 마귀의 자식들이야. 그러니까 나는 이것들을 물리치고 이겨낼 거야"라고 하면 하나님은 이것들을 우리로부터 떼어 내시고, 완전히 죽게 하신다. 이것들은 우리의 일부가 아니라 사탄이 우리에게 던지는, 우리 옛 모습을 우리와 다시 엮어 보려고 시도하는, 시험일 뿐이다.

이것이 시험과 죄가 불러일으키는 모든 것들에 대한 참된 해결법이다. 우리 자신을 악하다고 여길 때 우리가 악해지는 것은 끔찍한 사실이다. 순수한 한 소녀가 자신이 타락했고 부도덕하다고 믿는 채로 있으면 그녀는 곧 순수함을 지킬 마음을 잃고 무모하게 죄의 구렁텅이로 빠지게 된다. 하나님의 자녀로 자신이 받아들여졌다는 것을 의심하기 시작하고 하나님 아버지의 찌푸린 얼굴을 보게 될 것이라고 예상한다면 이 사람은 거룩해지고자 하는 마음이 없어질 것이며 불순종과 낙심과 죄에 빠지게 된다.

어느 재능 있는 작가가 쓴 흥미로운 이야기를 소개한다. 두 인격으로 번갈아 가면서 살아온 한 남자의 이야기이다. 자기 자신이 고귀한 성품의 소유자라고 믿었을 때 그는 고귀하고 진실했으며 그 성품에 맞게 살았다. 하지만 다른 생각이 그를 사로잡아 자신이 타락했다고 느끼게 되면, 그는 그 생각대로 추락했다. "사람이 그의 마음에 생각하는 대로 그도 그러하니라"(잠23:7a). 우리가 생각하고 받아들이는 것이 종종 우리의 현실에 반영된다. 그러므로 하나님은 이 믿음의 원리를 개인의 의와 거룩함의 근원으로 삼으셨고, 이 원리가 사람이 자기 자신으로부터 벗어나 하나님의 생명으로 인도될 수 있는 오묘하면서도 숭고한 능력이 되게 하셨다.

우리가 주님께 배워야 할 것은 어떻게 높이 오를 수 있는가가 아니라 우리가 이미 올라 섰음을 기억하는 것이다. 우리는 죽은 자 가운데서 그리스도와 함께 살아났으며, 아무것도 아닌 존재, 아니 아무것도 아닌 존재보다도 더 못한 상태에서 부활했고, 이제는 하나님 아버지께 인정받고 "주님과 같은" 존재로 여겨지도록 허락받아 주님과 함께 하늘에 앉아 있음을 기억하는 것이다.

우리의 태도는 우리의 목표에 영향을 미친다. 사람은 자신의 사회적 위치에 맞게 살아간다. 귀족 집안의 고귀한 자녀들은 집안의 고귀한 혈통에 대한 인식이 그들의 행동과 몸가짐에 배어 나오는 것처럼, 하늘 나라의 칭호를 갖고, 고귀한 하늘 나라의 지위를 의식하는 사람들은 그 하늘 나라의 자녀로서 행하게 된다. 그리스도와 함께 살리심을 받은 것은 바로 그 부활에 합당한 삶을 사는 것이기 때문에 이번 장의 마지막은 이 가장 실제적인 개념을 어떻게 실천해 나갈지에 대해 이야기해 보겠다.

그리스도의 부활과 함께 새 생명을 받은 우리는 잘못된 거짓 관념을 버려야 한다. 그리고 옛사람을 벗어 버리고 새 사람을 입어야 한다. 믿는 자는 더 이상 거지가 아니고 왕자가 된 것이다. 그러므로 우리는 거지의 누더기를 벗고 왕자의 견장이 달린 옷을 입어야 한다. 우리가 새 사람을 입었으니 이에 합당하게 자비와 겸손과 온유와 오래 참음과 이 모두를 함께 매는 온전한 띠인 사랑을 더하자. 우리는 모든 옷 중에서 가장 좋은 옷인 예수 그리스도를 입어야 한다. 이 부활 생명은 매우 실제적이다. 사도는 이 생명을 삶의 가장 가까운 관계, 가족 관계, 주인과 종의 관계, 그리고 삶의 모든 세속적 의무와 연결시킨다. 이 생명은 우리의 모든 행동에 영향을 미치고 주님이 부르시는 곳이면 어디든지 가도록 인도한다.

부활 생명은 그리스도와 함께 죽음에서 살아난 이들 안에 있는 실제적인 능력에 주의를 기울이게 한다. 이것은 무엇보다도 구원에 대한 우리의 소망과 믿음을 확증하는 능력을 가지고 있다. 왜냐하면 예수님의 부활은 마무리 작업으로써, 대속의 값이 이미 지불되었고 구속 사역이 완료되었음을 사람들과 천사들에게 보증하기 때문이다. 예수께서 무덤을 이기고 나오셨을 때, 십자가의 죽음의 목적이 성취되었고, 그분이 맡은 일이 모두 이루어졌으며, 하나님 아버지께서 예수님이 완성하신 속죄에 만족하셨다는 것이 온 우주에 분명해졌다. 그러므로 믿음은 예수님의 부활을 영원한 초석으로 삼고 이렇게 말할 수 있다. "누가 정죄하리요 죽으실 뿐 아니라 다시 살아나신 이는 그리스도 예수시니 그는 하나님 우편에 계신 자요 우리를 위하여 간구하시는 자시니라"(롬 8:34).

그리스도의 부활은 거룩하게 하는 능력이다. 이것은 우리로 하여금 우리 자신의 생명, 즉 우리의 옛사람은 소멸되었다고 간주할 수 있게 한다. 그래서 우리는 더 이상 하나님 보시기에 옛사람과 같은 사람이 아니라는 확신을 가지고 자기 자신을 부인하고 이전의 악한 본성에 순종하거나 두려워하기를 거부할 수 있다. 친히 우리 안에 거하시며 이런 새로운 삶을 살게 하고 이전의 악한 본성을 이기고 주님께 순종하게 하시는 분은 바로 부활하신 그리스도이시다. 우리에게 승리와 능력을 가져오는 것은 단지 부활이란 사실 자체가 아니라 부활하신 그리스도와의 교제다. 우리는 "내가 그리스도와 함께 십자가에 못 박혔나니 그러나 내가 산 것이 아니요 오직 내 안에 그리스도께서 사신 것이라"라는 최고의 역설의 의미를 배웠다. 따라서, 참되고 지속적인 거룩함은 바로 부활하신 그리스도의 생명이 믿음으로 순종하는 영혼 안에 사는 것이다.

부활에는 우리를 치유하는 능력이 있다. 부활절 아침에 무덤에서 나오신 분은 육신의 그리스도셨고 그분의 몸은 우리 몸을 대표하며 육체적인 힘과 영적 생명의 기초가 된다. 만일 우리가 부활하신 주님을 받아들이고 믿으면 주님은 우리의 영을 위하는 것과 같이 우리의 몸을 위해서도 일하실 것이고, 다가올 부활의 능력이 우리의 육신에 닿을 때 우리는 새로운 초자연적인 힘을 발견하게 될 것이다.

그리스도의 부활은 또한 믿음에 활력을 주고 믿는 이들로 하여금 기도에 대한 응답을 기대하고 하나님께 어려운 것들을 구하도록 격려해 준다. 무덤이 열리고 돌이 굴려졌는데 더 어렵거나 불가능한 일이 무엇이 있겠는가? 하나님은 우리에게 이것을 가르쳐 주시려고 한다- "그의 힘의 위력으로 역사하심을 따라 믿는 우리에게 베푸신 능력의 지극히

크심이 어떠한 것을 …그의 능력이 그리스도 안에서 역사하사 죽은 자들 가운데서 다시 살리시고 하늘에서 자기의 오른편에 앉히사…"(엡 1:19, 20). 이것이 하나님의 섭리 안에서 믿는 자들이 예수님의 이름으로 구할 때 하나님이 행하실 수 있고 또 기꺼이 행하시려는 영역이다. 그리스도의 부활은 우리가 구할 수 있는 모든 것에 대한 약속이며, 만일 우리가 그 부활의 능력을 온전히 믿는다면 우리는 이전보다 훨씬 더 많은 것을 경험하게 될 것이다.

주 예수 그리스도의 부활은 섬김을 위한 능력이다. 주님의 부활에 대한 증거는 인간을 구원하시는 하나님의 능력으로 성령에 의해 항상 특별하게 사용된다. 이것은 초대교회 사도들의 사역의 주된 주제였다. 그들은 항상 예수님에 대해 그리고 그의 부활에 대해 설교했다. 이런 설교는 크리스천들의 삶과 일에 독특한 활력을 불어넣고 호감을 갖게 한다. 많은 크리스천들은 마치 자신의 장례식에 가는 것처럼 우울해 보인다. 우리는 얼마 전에 이런 얘기를 들었는데, 길에서 우울해 보이는 사람들을 만난 어린 소녀가 "엄마, 저 사람들 크리스천이죠?"라고 물었고 어머니가 왜 그렇게 생각하느냐고 했더니 "너무 불행해 보여서요"라고 대답했다고 한다.

이것은 수도원이나 십자가만 강조하는 데서 비롯된 기독교의 유형이다. 이것은 부활절 기독교의 유형이 아니고 확실히 더 높은 차원의 유형도 아니다. 예수의 기독교는 봄날에 피어나는 꽃처럼, 지저귀는 새들의 노래와 소생하는 자연의 힘찬 맥박처럼 밝아야 한다. 그 밝은 부활절 아침에 우리 주님은 "평안하라(All hail!)"는 응원의 메시지로 여인들을 만나셨던 것처럼, 새로운 삶을 시작하는 크리스천들을 아침에 만나셔서 주님의 기쁨을 각자의 힘으로 삼고 살아가라고 명하실 것이다.

이 기쁨은 부활을 통해 일어나고 승천하신 주님에 의해 하늘에서 유지된다. 이 기쁨이야말로 슬프고 죄 많은 오늘날의 세상에 필요한 메시지이다. 세상의 좌우명은 빌라도가 가시 면류관을 쓰고 십자가에 달리신 그리스도를 가리켜 한 말인 "Ecce homo - 보라 이 사람이라"(요19:5)가 아니라 기쁨에 찬 부활절 새벽의 "All hail - 평안하라!"이어야 한다. 내주하시는 그리스도와 부활의 생명이 크리스천의 삶 가운데 많이 나타나면 나타날수록 세상의 관심을 더 끌게 되고, 세상을 거룩하게 하고 구원하는 능력은 더욱 커질 것이다.

그리스도의 부활은 우리가 인생에서 가장 힘든 상황에 처하더라도 감당할 수 있게 하고 가장 쓰라린 시련도 견딜 수 있게 해 준다. 빌립보서는 그분의 부활의 능력이 우리를 그분의 고난에 참여하게 하고 그분의 죽으심을 본받게 하는 것이라고 말한다. 우리는 그분과 함께, 또 그분을 위해 고난을 받을 만큼 강해지기 위해 부활의 생명에 참여하는 것이다.

자, 여기서 오해가 없도록 해야겠다. 그리스도의 고난에 참여한다는 것은 질병으로 인한 개인적인 고통이나 영적 생활의 어려움을 겪는 것을 의미하지 않는다. 이런 어려움은 우리가 신앙생활 초기에 경험하는 것이어야 한다. 그리스도는 자신의 성화에 있어서 아무런 어려움을 경험하시지 않았고 이 땅에 사는 동안 싸워야 할 육체적 질병도 없으셨다. 그러므로 믿는 이들이 이런 어려움을 겪는 것을 그리스도의 고난에 참여한다고 하는 것은 적절하지 않다. 그분의 고난은 다른 사람들을 위한 것이기에, 부활의 권능은 우리로 하여금 고난 당하는 주님의 교회와 죽어가는 세상을 위한 그분의 숭고하고 거룩한 슬픔을 나누게 한다. 더 힘든 곳일수록, 수고와 고통이 따르는 더 낮고 열악한 영역일수록, 그에 대처하기 위해선 더 높은 주님의 은혜와 영광이 필요한 것이 사실이다. 우리는 높은 곳에 오를수록 깊은 골짜기를 지나게 된다. 우리를 하나님의 나라로 끌어올리는 신약 서신서들은 가장 평범한 책임과 가장 일상적인 관계, 그리고 또 가장 혹독한 시련 등 여러 상황 안으로 다시 우리를 인도한다. 에베소 사람들과 골로새 사람들에게 보낸 이 서신서들에는 가장 높은 수준의 믿음과 능력에 대해서 얘기하지만, 동시에 남자들에게 흔한 유혹들, 남편과 아내의 의무들, 진실되고 술 취하지 않고, 정직하고 의롭게 살아야 하는 필요성과 인간 삶의 전혀 낭만적이지 않고 가장 실제적인 모든 경험에 대해서도 이야기 한다.

  이사야서에는 빌립보서의 생각과 맥락을 같이 하는 것처럼 보이는 아주 놀라운 구절이 있다. 이 구절은 독수리처럼 날개를 치며 올라가는 자들에 대해 말한다. 그러나 올라간 직후 바로 그 사람들이 "달음박질하여도 곤비하지 아니하겠고 걸어가도 피곤하지 아니하다"(사40:31)는 일상적인 생활로 내려옴을 보게된다. 마치 위로 올라가는 것은 그들이 뛰고 걷기에 적합하도록 의도된 것 같고, 더 크고 높은 은혜와 영광을 경험함으로써 그들이 더 낮고 열악한 고통과 시련을 겪을 수 있게 설계된 것처럼 보인다. 바울 사도가 환난 중에 영광에 대해 말하는 것도 이와 마찬가지다. "영광"은 영혼의 가장 높은 상태를 나타내고 "환란"은 가장 깊은 고통의 정도를 나타낸다. 우리가 가장 깊고 가장 낮은 곳에 처할 때, 가장 높고 가장 충만한 하늘 나라의 영으로 대처해야 한다고 가르친다. 변화산에서 내려와서 평야에서 마귀를 만나고, 고통받는 세상에서 사탄의 권세를 쫓아내는 것이 좋은 예다. 그렇다, 이런 것들이 그리스도의 고난이다. 주님의 부활의 권능은 우리를 준비시키고 능력을 부여하며 그리스도의 영광스러운 삶의 높이까지 올라갈 수 있도록 도와준다. 그래서 우리는 주님처럼 다른 사람의 삶을 축복할 때 부활의 권능을 나타내며 살아가게 되고, 하나님의 사랑으로 다른 사람들의 필요를 채울 때 주님과의 신성한 교제의 황홀함에서 갖는 기쁨보다도 더 깊은 희열을 경험하게 된다.

## 되새기기

- 오늘날 많은 가르침은 우리 자신을 하나님께 드려 계속해서 십자가에 못 박고 우리의 자아를 죽여야 한다거나, 또는 더 완전하게 죽어야 한다고 명령하지만, 사도는 여기서 그렇게 얘기하지 않는다. 오히려 십자가는 이미 지나갔음을 인정하고 우리는 이미 죽었고 죽은 자 가운데서 살아난 자로 자신을 하나님께 드려야 한다고 말한다. 즉, 바로 이런 이유에서 하나님의 일과 영광을 위해 쓰임 받도록 우리 자신을 하나님께 헌신하는 것이라고 말한다.

- 우리가 믿는 만큼 삶으로 경험하게 된다는 것은 복음 전체를 이해하는 데 있어서 기초가 되는 원리이다. … 우리가 죽을 수 있는 유일한 방법은 우리 자신을 그리스도께 드리고 우리가 그분과 함께 죽었다고 여기는 것뿐이다.

- 우리가 주님께 배워야 할 것은 어떻게 높이 오를 수 있는가가 아니라 우리가 이미 올라섰음을 기억하는 것이다.

- 우리에게 승리와 능력을 가져오는 것은 단지 부활이란 사실 자체가 아니라 부활하신 그리스도와의 교제다.

- 내주하시는 그리스도와 부활의 생명이 크리스천의 삶 가운데 많이 나타나면 나타날수록 세상의 관심을 더 끌게 되고, 세상을 거룩하게 하고 구원하는 능력은 더욱 커질 것이다.

- 더 힘든 곳일수록, 수고와 고통이 따르는 더 낮고 열악한 영역일수록, 그에 대처하기 위해선 더 높은 주님의 은혜와 영광이 필요한 것이 사실이다.

- 우리는 주님처럼 다른 사람의 삶을 축복할 때 부활의 권능을 나타내며 살아가게 되고, 하나님의 사랑으로 다른 사람들의 필요를 채울 때 주님과의 신성한 교제의 황홀함에서 갖는 기쁨보다 더 깊은 희열을 경험하게 된다.

**8장**

# 그리스도와 하나될 때까지

# 8장_그리스도와 하나될 때까지

> "거룩하게 하시는 이와 거룩하게 함을 입은 자들이 다 한 근원에서 난지라 그러므로 형제라 부르시기를 부끄러워하지 아니하시고"(히2:11).

 이 구절 전체는 우리가 그리스도와 하나 됨을 잘 보여준다.

## <u>그리스도는 본질적으로 우리와 하나 되신다.</u>

 "자녀들은 혈과 육에 속하였으매 그도 또한 같은 모양으로 혈과 육을 함께 지니심은"(히2:14a). "진실로 그는 천사의 성품을 취하지 아니하시고 아브라함의 씨를 취하셨느니라"(히2:16). '그도 또한 같은 모양으로!'라는 말씀이 얼마나 귀한가. 그리스도는 인간과 똑같은 인성을 갖고 계시며 우리의 모든 본능, 느낌, 희망, 두려움을 실제로 공감하시고 이해하신다. 그분은 인간의 몸을 가지셨을 뿐만 아니라 우리에게 있는 이성적인 영혼과 정신의 모든 속성 그리고 마음의 감각까지도 지니고 계신다. 이뿐 아니라 여전히 완전한 인성을 갖고 계신다. 그리스도는 이 모습으로 하나님의 보좌 우편에 계신다.

## 인간의 이름으로 불리운 자, 그분은 우리 인간의 연약함을 아신다.

그리스도의 신성이 갖는 초월적인 영광으로 인해 이 놀랍고 중요한 진리가 가려져서는 안된다. 하나님의 아들이신 그리스도는 동등하게 사람의 아들이시기도 하다. 그래서 그리스도는 자녀의 신분으로 우리와 하나 되신다.

"그러므로 형제라 부르시기를 부끄러워하지 아니하시고"(히2:11). "보라 나와 및 여호와께서 내게 주신 자녀들"(사8:18a). 그리스도는 사람의 형상으로 내려오셨을 뿐 아니라 성도들을 자신의 신성 안으로 이끌어 가신다. 왜냐하면 성도들은 그리스도를 통하여 참으로 "신성한 성품에 참여하는 자"(벧후1:4)이기 때문이다. 그분의 존재 자체가 성도들에게 주어지고 예수님이 하나님 아버지와 갖는 실제 관계를 우리와 공유하신다. "내 형제들에게 가서 이르되 내가 내 아버지 곧 너희 아버지, 내 하나님 곧 너희 하나님께로 올라간다 하라"(요20:17)고 마리아에게 말씀하셨다. 이것은 비천한 출신의 가난한 아이가 귀족 가문에 받아들여져 법적인 아들과 상속자가 되는 것처럼 우리가 자녀의 신분으로 입양되는 것이 아니라, 그 아이가 바로 그 가문의 고귀한 혈통으로 다시 태어날 수 있게 되는 것과 같다. 우리는 실제로 하나님과 같은 성품에 참여하는 자가 되었다. 그러므로 사도 요한은 "보라 아버지께서 어떠한 사랑을 우리에게 베푸사 하나님의 자녀라 일컬음을 받게 하셨는가"(요일3:1)라는 놀라운 말로 우리가 실제로 하나님의 자녀가 되는 것을 아주 훌륭하게 표현했다. 그리고 "우리가 하나님의 자녀라"(요일3:2a)고 덧붙이는데, 이는 단순히 우리를 하나님의 아들이라고 부르거나 법적으로 선언한 것만이 아니라 우리가 하나님의 생명과 본성을 받아들임으로써 실제로 하나님의 자녀이며 따라서 주님의 형제라는 것이다. 그리스도의 인간적 본성에서뿐 아니라 신성의 관계에서도 마찬가지다. "그러므로 그가 우리를 형제라 부르시기를 부끄러워 아니하시고"(히2:11). 주님은 우리에게 형제로 불릴 권리와 이에 합당한 자격도 주신다. 주님은 우리가 준비도 안 된 상태에서 적합하지 않은 역할을 감당하게 하시는 것이 아니라, 우리에게 이 영광스러운 역할을 수행하기에 합당한 본성을 주신다. 그리고 주님의 모습을 반영하며 아버지의 영광 안에서 환히 빛나고, 완전히 영광스럽게 승화된 우리의 모습을 바라보실 때, 우리를 부끄러워하실 이유가 전혀 없는 것이다.

 지금도 그리스도는 온 우주 앞에서 우리를 인정하시고 온 땅과 하늘 앞에서 우리를 형제로 부르기를 기뻐하신다. 아, 이러한 사실이 성도라고 불리기에 부끄러운 사람마저도 얼마나 존귀하게 하는가! 주님이 "우리를 형제라 부르시기를 부끄러워 아니하신다"면 우리는 세상에서 받는 오해쯤이야 신경쓰지 않아도 되지 않겠는가? 이름도 없는 가문 출신의 한 영국인 장교가 높은 직위로 승진했다는 이유로 동료 장교들로부터 무시와 조롱을 당했던 적이 있다고 한다. 그들은 이 장교의 집안이 비천한 것을 알았기에, 그를 무시하며 차갑게 지나쳐 버리곤 했다. 이 소식을 들은 부대장은 어느 날 그 장교의 막사로 들어가 한동안 그와 이야기를 나눈 후 그의 팔을 붙잡고 함께 다른 장교들의 막사 앞을 30분 동안 거닐었다. 장교들은 부대장이 지나갈 때 깊은 존경심으로 경례를 했고, 물론 함께 걸었던 그도 그 장교들의 경례를 받았다. 그리고 나서 부대장은 떠났고 다른 장교들은 놀라움과 굴욕감으로 이 장교를 보게 되었다. 그날 이후로 모두가 이 새 장교를 존중하게 되었고 부대장은 그의 승진을 허가한 것을 후회하지 않았다.

이처럼 우리의 복되신 형제인 그리스도는 땅과 하늘 앞에서 우리와 한 가족임을 주장하신다. 이와 같이 주님은 보좌 앞에 우리를 위한 기도를 드리시고 아버지께 우리의 이름을 인정하심으로 죽을 수밖에 없는 존재인 우리가 우주의 가장 높은 법정에서 존귀하게 여겨지도록 하신다.

## 그리스도는 영적 경험에서 우리와 하나 되신다.

주님은 또한 영적 경험에서 우리와 하나 되신다. 우리가 받는 것과 같은 은혜를 주님도 받으셔야 했고 우리가 실천해야 하는 믿음과 같은 믿음을 주님도 행사하셨다. 히브리서 2장 12-13절에서 주님은 우리가 신뢰하는 것처럼 하나님을 신뢰하고 우리가 축복받을 때 하는 것처럼 교회 가운데서 하나님의 구원하심을 찬양한다고 말한다. 위대한 선구자 되시는 주님은 크리스천이 걸어야 하는 인생길을 이미 가셨기에 양들이 어떤 길로 따라가든 그 길은 주님이 앞서 가셨던 길이다.

때로는 이 놀라운 진리가 쉽게 실감나지 않는다. 그리스도가 우리와는 완전히 다른, 숭고한 생명을 가지고 하늘에서 뚝 떨어진 존재인 것처럼 묘사되어 있어서, 그분도 우리와 마찬가지로 믿고 의지하는 삶의 모든 훈련을 통해 인도함을 받으셨다는 것을 곰곰히 생각하지 않으면 "내가 아무 것도 스스로 할 수 없다. 나는 듣는 대로 말한다"(요5:30), "나는 내 뜻을 행하러 온 것이 아니요 나를 보내신 이의 뜻을 행하러 온 것이니라"(요6:38), "아들이 아무 것도 스스로 할 수 없나니"(요5:19), "아버지께서 나를 보내시매 내가 아버지로 말미암아 사는 것 같이 나를 먹는 그 사람도 나로 말미암아 살리라"(요6:57)와 같은 그분의 가르침의 완전한 의미를 받아들이지 못하게 된다. 그리스도는 기도와 하나님과의 교제와 성령의 지속적인 공급에 의존하셨으며 영적 삶의 모든 투쟁에 익숙하시고 잘 이해하고 계신다. 그러므로 우리는 "나를 의롭다 하시는 이가 가까이 계시니 나와 다툴 자가 누구냐? 그러므로 내 얼굴을 부싯돌 같이 굳게 하였으므로 내가 수치를 당하지 아니할 줄 아노라"(사50:8,7)고 부르짖으시는 그분을 예언적인 관점에서 발견하게 된다. 이 구절은 바로 우리들이 시련을 극복하는 것과 같이 그분이 시련을 극복하신 믿음의 표현이다. 그리스도는 우리와 같은 경험을 하셨을 뿐 아니라 우리로 하여금 그분 자신의 경험을 체험하도록 인도하신다. 그리스도의 거룩함을 우리에게 주는 것이 참된 성화의 본질이다. 이것이 바로 "거룩하게 하시는 이와 거룩하게 함을 입은 자들이 다 한 근원에서 난지라"(히2:11)라는 구절의 의미이다. 그분은 자신의 거룩함을 주시고 그분의 거룩한 영 안에서 그의 백성을 자신과 하나 되게 하신다. 이것이 그분이 "저희를 위하여 내가 나를 거룩하게 하오니 이는 저희도 참으로 거룩함을 얻게 하려 함이니이다"(요17:19)라고 말씀하셨을 때 의미하는 바이다. 그분은 자신의 생명을 내어주심으로 그분의 백성 안에 거하시고 그들의 경험 안에서 자신의 거룩하고 완전한 삶을 재현해 가신다. 그러므로 거룩함은 거룩하신 그리스도의 내재하심을 말하고 인간의 영과 예수님의 영의 연합을 뜻한다.

## 그리스도는 시련 중에 우리와 하나되신다.

"그러므로 만물이 그를 위하고 또한 그로 말미암은 이가 많은 아들들을 이끌어 영광에 들어가게 하시는 일에 그들의 구원의 창시자를 고난을 통하여 온전하게 하심이 합당하도다"(히2:10). "모든 일에 우리와 똑같이 시험을 받으신 이로되 죄는 없으시니라"(히4:15b). 그러므로 그분은 인간의 모든 고통을 겪으셨고, 자신의 실제 경험을 통해 유혹 받는 자들을 불쌍히 여기시고 도우실 수 있으며, 고난 중에 그들이 결코 혼자가 아니라 그분이 겪으셨던 마음으로 공감을 얻고 그분의 긍휼과 사랑으로 지탱되고 있음을 깨닫게 하실 수 있다. 뿐만 아니라 그분은 여전히 공감하시면서 우리가 겪는 모든 고통을 느끼신다. 왜냐하면 그분은 우리의 연약함을 느끼실 수 있기 때문이다. "느낀다"라는 단어는 여러가지를 의미한다. 이것은 우리의 고난이 그의 고난이며 우리의 모든 시련 중에 그가 시련을 당하신다는 뜻이다. 단지 감정의 공감이 아니라 고통의 공감이다.

 이러한 사실은 지친 마음에 많은 도움이 된다. 이것은 그분의 제사장 직책의 토대이며, 하나님은 이것이 우리가 끊임없이 받게 되는 위로의 근원이 되어야 한다는 뜻으로 말씀하셨다. 대제사장과 우리가 하나 됨을 더욱 온전히 깨닫고, 우리의 모든 짐을 우리와 고통을 함께 나누시는 그리스도의 크신 사랑에 맡기자. 고통받는 자녀의 아픔으로 인해 우리가 온 몸으로 그 아픔을 체감하는 것이 어떤 건지 안다면, 우리의 슬픔이 어떻게 그분의 마음을 움직이고 그분의 고귀한 몸을 전율하게 하는지 어느 정도 이해할 수 있을 것이다. 마치 어머니가 아기의 고통을 느끼듯이, 우정어린 마음으로 친구의 비애에 찬 절규에 아파하듯이, 우리의 고귀하신 구세주는 환희의 하늘 나라에서도 모든 자녀들이 당하는 고통을 함께 겪으신다. "그러므로 우리에게 큰 대제사장이 있으니… 그러므로 우리가 은혜의 보좌 앞에 담대히 나아갈 것이니라"(히4:14a, 16a). 그분이 멍에의 더 무거운 쪽을 지고 가시므로 우리도 인내를 가지고 멍에를 함께 지자.

## 그리스도는 죽음에서 믿는 자와 하나 되신다.

그리스도는 자신의 몫으로 주어진 모든 시련을 겪으셨을 뿐만 아니라 인간이기에 죽을 수밖에 없는 운명도 피하지 않으셨다. 왜냐하면 하나님께서 예수님이 하나님의 은혜로 모든 사람을 위하여 죽음을 맛보도록 정해놓으셨기 때문이다(히2:9b). "죽음을 통하여 죽음의 세력을 잡은 자 곧 마귀를 멸하시며 또 죽기를 무서워하므로 한평생 매여 종노릇하는 모든 자들을 놓아주려 하심이니"(히 2:14b-15). 심지어 죽음이라는 마지막 감옥의 어두운 문까지도 그는 들어가셨다. "그는 모든 사람을 위하여 죽음을 맛보아야 한다"는 이 표현에는 매우 암시적인 것이 들어 있다. 그분이 비워야 할 잔의 모든 쓴 맛, 그분과 연합한 모든 사람을 위해 죽음의 맛을 보게 됨을 암시하는 것 같다. 이제 잔에는 독이 없고 쏘는 침에도 독성이 없다. 주님은 그것을 맛보았지만 우리는 주님 안에 있으면 죽음의 괴로움을 피해 간다. "사람이 내 말을 지키면 영원히 죽음을 보지 아니하리라"(요8:51b). 이런 사람은 복되신 주님의 얼굴과 하늘의 열린 문만 보게 될 것이다. 잔에 담긴 죽음을 모두 그리스도께서 마시셨으니 이제는 "우리 주 예수 그리스도로 말미암아 우리에게 승리를 주시는 하나님께 감사하노니"(고전 15:57)라는 기쁜 외침만 있을 뿐이다.

> 죽음과 저주가 그 잔에 있었습니다.
> 오, 주님, 당신의 잔은 가득 찼습니다!
> 그러나 당신은 그 마지막 한 방울까지 다 비우셨습니다.
> 나의 잔은 이제 비어 있습니다.
> 주 예수여, 나를 위하여 당신이 죽으셨고
> 나도 당신 안에서 죽었습니다.
> 당신은 부활하셨고, 나를 묶었던 사슬은 모두 끊어졌고,
> 이제 당신은 내 안에 사십니다.

## 마지막으로, 그리스도는 영광스러운 미래의 운명 속에서 우리와 하나 되신다.

히브리서에는 장차 올 세상에서 우리가 갖게 될 존귀함과 운명을 묘사하는 시편 8편이 인용된다. 시편 기자는 "주

께서 만물을 그의 발 아래 복종케 하셨으니"(시 8:6b)라는 표현으로 우리의 복된 존귀함에 대해 말한다. 사도는 이것이 문자 그대로 사실이라면 모든 것을 인간 아래 두고 복종하게 하셨으므로, 이는 인간의 존귀함을 의미하지만 현실적으로 볼 때 "그러나 지금 우리가 만물이 아직 그에게 복종하고 있는 것을 보지 못하고"(히 2:8b)라고 주장한다. 그렇다면 어떻게 이 말이 인간에게 참되다고 할 수 있는가? 이 말은 인류의 위대한 머리가 되시는 인자에게 참되다는 것을 영광스럽게 설명한 것이다. "우리가 아직 만물이 사람 아래 있는 것을 보지 아니하고⋯ 오직 영광과 존귀로 관 쓰신 예수를 보니"(히 2:8b, 9a). 그분은 인류의 존귀함을 누리시고 인류의 지배자로서의 왕관을 얻으신 다음 그 모든 것을 우리와 나누신다. 그분이 얻으신 모든 것은 그분이 인간으로서, 구속된 인류를 위해 얻으신 것이다. 그리고 우리를 자신과 함께 일으키사 하늘에 앉히시니 이는 그리스도 예수 안에서 우리에게 자비하심으로 그 은혜의 지극히 풍성함을 오는 여러 세대에 나타내려 하신 것이다. 그분이 쓰시는 모든 면류관을 우리와 함께 나누실 것이다. "이기는 그에게는 내가 내 보좌에 함께 앉게 하여 주기를 내가 이기고 아버지 보좌에 함께 앉은 것과 같이 하리라"(계3:21). 이것이 하나님의 모든 자녀들의 영광스러운 미래이다. 이것이 하나님의 아들과 우리의 연합의 의미이다. "우리가 지금은 하나님의 자녀라 장래에 어떻게 될지는 아직 나타나지 아니하였으나 그가 나타나시면 우리가 그와 같을 줄을 아는 것은 그의 참 모습 그대로 볼 것이기 때문이니"(요일 3:2). 이러한 소망은 하나님의 자녀들에게 영감을 주고 형언할 수 없는 큰 격려가 된다.

실제 적용할 수 있는 몇 가지를 생각해 보자. 먼저, 우리의 믿음의 비밀을 알아보자. 이것은 우리 마음에서 솟아나고 시련 중에도 신뢰하는 그리스도 안에서의 믿음이다. 그래서 우리도 노래할 것이다. "내가 지금 사는 것은 나를 사랑하사 나를 위하여 자기 몸을 버리신 하나님의 아들을 믿는 믿음 안에서 사는 것이라." 그리하여 "믿음의 주요 또 온전하게 하시는 이"이신 예수를 바라볼 때, 우리는 하나님의 약속이 이루어질 때까지 고군분투하는 대신 이 약속 위에 은혜로운 안식을 누리고 이 약속을 믿음으로 성장해 나가는 자신들을 보게 될 것이다. 믿음이 이 약속에 근거하듯이, 이 믿음도 우리만의 것은 아니다. 새로운 믿음이 필요할 때마다 신뢰하고 이겨낼 은혜를 얻기 위해 또 다시 그분에게 기대는 우리 스스로를 발견하게 될 것이다.

진정한 기도의 영은 우리 안에 계신 그리스도의 영이다. "내가 교회 중에서 주를 찬송하리이다." 그리스도께서는 신뢰하는 마음으로 여전히 이러한 찬양을 부르고 계시고 그의 기도를 승리의 노래로 승화시키신다. 바울과 실라는 빌립보 감옥에서 기도의 참된 영을 알았고 기도를 찬양으로, 밤을 낮으로, 슬픔을 기쁨으로 바꾸었다. 그분이 믿음의 영으로 우리 안에 거하실 때 그분은 또한 찬양의 영이 되실 것이다.

다시 말하지만 이러한 사실은 시련 중에 있는 우리에게 위로가 된다. 우리의 형제이신 주님은 우리가 겪는 모든 것을 함께 겪고 계신다. 그분이 견디실 수 있다면 우리도 견딜 수 있다. 그분의 아버지는 사랑하는 아들이 불필요한 고통을 겪는 것을 허용하지 않으신다. 따라서 우리가 견디도록 부름 받은 모든 일이 "필요"한 일임을 우리는 확신할 수 있다. 만일 그리스도께서 멍에의 다른 쪽 끝을 지고 계시다면 우리는 이 멍에를 지는 것이 옳고 우리가 그 짐에 눌려 넘어지지 않을 것임을 알 수 있다. 그러므로 우리는 "그의 영광을 나타내실 때에 우리가 또한 큰 기쁨으로 기뻐하리라"(벧전4:13b)는 소망을 가지고 그리스도의 고난에 참여함을 기뻐하자.

직면하고 있는 현실에서 완전한 승리를 경험하지 못하는 우리에게 이러한 사실이 위로가 되기를 바란다. "우리는 아직 모든 것이 그분 아래 놓여 있는 것을 보지 못한다." 이 문장이 우리 모두에게 얼마나 적절한 고백인가! 우리보다 더 강해 보이는 것들이 얼마나 많은가? 그럼에도 불구하고 주님의 이름을 높이자! 이들은 모두 주님 아래 복종하고 있으며, 우리는 예수께서 이들 모두 위에 다스리고 계심을 본다. 예수는 우리의 머리요, 대표자요, 우리의 분신이시다. 주님이 계신 곳에 우리도 반드시 있을 것이다. 그러므로 우리가 하나님이 약속하신 것을 경험하지 못하고, 우리가 주장하는 것이 우리 삶에 보이지 않을 때, 우리는 눈을 들어 하늘을 보고, 이 약속들이 주님 안에서 실현되는 것을 기대하고 주님 안에서 힘써 외치자. 우리 쪽은 원의 절반에 불과하고, 하늘 쪽 절반은 이미 완성되어 있다. 눈에 보이지 않는 하늘 쪽 절반의 무지개가 언젠가는 보좌 주위를 다 둘러싸고, 아직 완성되지 않은 우리 삶의 다른 절반까지 차지하게 될 것이다. 그러므로 믿음으로 우리의 모든 유업에 참여하자. 눈을 들어 동서남북을 바라보고 "보이는 땅을 내가 다 그들에게 주리라"는 주님의 말씀을 듣자. 그 원은 완전하고 그 유업은 무한하며 만물이 그분의 발 아래 있음을 기억하자. 우리는 이 약속을 그대로 사실로 받아들였나, 아니면 가볍게 여기고 무시해서 약속의 모든 혜택을 누리지 못했나? 이제부터 우리는 "그를 만유의 주로 삼고" 모든 것을 그분의 발 아래 두고, 그분과 보조를 맞추며 우리가 그토록 오랫동안 두려워했던 어려움과 고난을 우리의 발로 밟고, 승천하는 주님의 병거를 타야 하지 않겠는가? 우리는 주님의 병거를 타고 올라가면서 찬양할 것이다. "항상 우리를 그리스도 안에서 이기게 하시고 우리로 말미암아 각처에서 그리스도를 아는 냄새를 나타내시는 하나님께 감사하노라"(고전 2:14). 아멘!

## 되새기기

- 그는 인간의 몸을 가지셨을 뿐만 아니라 우리에게 있는 이성적인 영혼과 정신의 모든 속성 그리고 마음의 감각까지도 지니고 계신다. 이뿐 아니라 여전히 완전한 인성을 갖고 계신다. 그리스도는 이 모습으로 하나님의 보좌 우편에 계신다.

- 지금도 그리스도는 온 우주 앞에서 우리를 인정하시고 온 땅과 하늘 앞에서 우리를 형제로 부르기를 기뻐하신다. 아, 이러한 사실이 성도라고 불리기에 가장 부끄러운 사람까지도 얼마나 존귀하게 하는가!

- 그분은 자신의 생명을 내어주심으로 그분의 백성 안에 거하시고 그들의 경험 안에서 자신의 거룩하고 완전한 삶을 재현해 가신다.

- 고통받는 자녀의 아픔으로 인해 우리가 온 몸으로 그 아픔을 체감하는 것이 어떤건지 안다면, 우리의 슬픔이 어떻게 그분의 마음을 움직이고 그분의 고귀한 몸을 전율하게 하는지 어

느 정도 이해할 수 있을 것이다. 마치 어머니가 아기의 고통을 느끼듯이, 우정어린 마음이 친구의 비애에 찬 절규에 아파하듯이, 우리의 고귀하신 구세주는 환희의 하늘나라에서도 모든 자녀들이 당하는 고통을 함께 겪으신다.

- 그러므로 우리가 하나님께서 약속하신 것을 경험하지 못하고, 우리가 주장한 것이 우리 삶에 보이지 않을 때, 우리는 눈을 들어 하늘을 보고, 이 약속들이 주님 안에서 실현되는 것을 기대하고, 주님 안에서 힘써 외치자.

## 맺음말

　번역을 마치며, 저희들 마음에 소망이 있다면, 우리 모든 믿는 이들의 마음속에 계시는 그리스도의 생명이 우리 모두에게 인식되어서, 집에서, 학교에서, 공원에서, 직장에서, 이웃과의 삶의 현장에서, 아침에, 점심시간에, 저녁 먹은 후에, 늦은 밤에, 새벽에, 언제 어디서든지, 우리의 말과 행동을 통해, 주님의 생명이 드러나는 것입니다. 이런 삶을 살아가려면 실제적으로 어떻게 해야 하는지 작가가 권유하는 것들을 여기 다시 나열합니다. 자주 점검하면서 주님과 함께 하는 멋진 하루하루가 되기를 응원합니다. 화이팅!

　은총, 은총이 우리 모두에게 함께 하기를!

## check list

- 한 순간 한 순간 바로 지금 주님의 다스리심 안에서 살기
- 우연이 아니라 의지가 담긴 확실한 행동으로 이 삶이 이루어짐을 명심하기
- 꾸준한 습관을 통해, 나의 삶이 '될 때까지' 계속하기
- 자기 억제하기, 내 자아가 죽을 때까지
- 삶의 모든 영역에서 주님 의지하기
- 내 안에 계신 주님의 임재 인식하기, 항상!
- 우리의 어떤 상황에도 함께 계시는 하나님 인정하기
- 외적인 자극/유혹 점검하기
- 내 안에 계신 주님을 바라보며 마음으로 기도하기
- 늘 깨어 있기
- 하나님의 인도하심 따르기 – 내가 원하는 것을 하면서, 하나님이 도와주시기를 바라지 말고
- 예상치 못한 시련 속에서도 놀라지 않기
- 실패에도 굴하지 않기
- 하나님을 우리의 현실 상황으로 모셔오기

## 감사의 말

2022년, 찰스 W. 프라이스의 책 <Alive in Christ>를 번역하여 <나말고 그리스도>라는 제목으로 출판한 후에, 소중한 기독교 고전들을 더 많은 크리스천이 공감하며 읽을 수 있도록 쉽게 번역하는 작업이 계속되면 좋겠다고 격려해 주시고 이번 번역과 출판에도 함께 해 주신 훈훈 출판사에 감사드립니다. 이 책의 원본 <The Christ Life>의 오래된 영어 문체와 시적인 표현들을 이해하기 쉬운 문장으로 다시 써 준 아들 예준이에게 고마움을 전하고, 또 번역된 문장들이 자연스럽게 읽히도록 다듬어 주신 누님 이유신 자매에게도 감사를 드립니다. 여러분의 많은 수고로 이루어진 이 번역서가 작은 예수로 살아가기를 원하는 분들에게 도움이 되기를 바랍니다. 지금 바로 이 순간에도 우리 안에 계시는 주님을 인정하는 것을 시작으로…